2022

MAFALDA MIRANDA BARBOSA

DIREITO E PESSOA NÃO NASCIDA

O PROBLEMA DO ESTATUTO JURÍDICO DO NASCITURO

Dados Internacionais de Catalogação na Publicação (CIP) de acordo com ISBD

B238d

Barbosa, Mafalda Miranda

Direito de a pessoa não nascida: o problema do estatuto jurídico do nascituro / Mafalda Miranda Barbosa. - Indaiatuba, SP : Editora Foco, 2022.

104 p. ; 13,5cm x 21cm.

Inclui bibliografia.

ISBN: 978-65-5515-503-7

1. Direito. 2. Direito familiar. 3. Pessoa não nascida. 4. Estatuto jurídico. 5. Nascituro. I. Título.

2022-1078   CDD 342.16   CDU 347.61

Elaborado por Vagner Rodolfo da Silva - CRB-8/9410

Índice para catálogo sistemático:

1. Direito familiar 342.16

2. Direito familiar 347.61

MAFALDA MIRANDA
BARBOSA

DIREITO E PESSOA NÃO NASCIDA

O PROBLEMA DO ESTATUTO JURÍDICO DO NASCITURO

2022 © Editora Foco

Autora: Mafalda Miranda Barbosa
Editor: Roberta Densa
Diretor Acadêmico: Leonardo Pereira
Revisora Sênior: Georgia Renata Dias
Revisora: Simone Dias
Capa: Leonardo Hermano
Projeto Gráfico e Diagramação: Ladislau Lima e Aparecida Lima
Impressão: FORMA CERTA

DIREITOS AUTORAIS: É proibida a reprodução parcial ou total desta publicação, por qualquer forma ou meio, sem a prévia autorização da Editora Foco, com exceção do teor das questões de concursos públicos que, por serem atos oficiais, não são protegidas como Direitos Autorais, na forma do Artigo 8º, IV, da Lei 9.610/1998. Referida vedação se estende às características gráficas da obra e sua editoração. A punição para a violação dos Direitos Autorais é crime previsto no Artigo 184 do Código Penal e as sanções civis às violações dos Direitos Autorais estão previstas nos Artigos 101 a 110 da Lei 9.610/1998.

NOTAS DA EDITORA:

Atualizações do Conteúdo: A presente obra é vendida como está, atualizada até a data do seu fechamento, informação que consta na página II do livro. Havendo a publicação de legislação de suma relevância, a editora, de forma discricionária, se empenhará em disponibilizar atualização futura. Os comentários das questões são de responsabilidade dos autores.

Bônus ou Capítulo On-line: Excepcionalmente, algumas obras da editora trazem conteúdo extra no on-line, que é parte integrante do livro, cujo acesso será disponibilizado durante a vigência da edição da obra.

Erratas: A Editora se compromete a disponibilizar no site www.editorafoco.com.br, na seção Atualizações, eventuais erratas por razões de erros técnicos ou de conteúdo. Solicitamos, outrossim, que o leitor faça a gentileza de colaborar com a perfeição da obra, comunicando eventual erro encontrado por meio de mensagem para contato@editorafoco.com.br. O acesso será disponibilizado durante a vigência da edição da obra.

Impresso no Brasil (04.2022) – Data de Fechamento (04.2022)

2022
Todos os direitos reservados à
Editora Foco Jurídico Ltda.
Avenida Itororó, 348 – Sala 05 – Cidade Nova
CEP 13334-050 – Indaiatuba – SP

E-mail: contato@editorafoco.com.br
www.editorafoco.com.br

A Nosso Senhor; a Nossa Senhora.
Ao meu Pai; à minha Mãe.
Ao Tiago.

NOTA PRÉVIA

Ao contrário do que o pensamento positivista tentou prescritivamente estabelecer, o direito não se confunde com um conjunto de normas postas e impostas pelo legislador ou descobertas a partir do espírito do povo. Ao invés, o direito que o queira verdadeiramente ser não pode prescindir de uma específica predicação axiológica, à qual vai buscar o seu sentido e o seu fundamento. Na verdade, existe no direito uma inapagável dimensão ética, que não pode deixar de nos remeter para a ineliminável dignidade do ser humano, entendido como pessoa, na sua autonomia responsável. E se cada disciplina jurídica só pode ser, por isso, compreendida na necessária remissão para os princípios normativos (e para o princípio do direito enquanto direito), não é menos certo que há determinados domínios normativos que, pelas questões que colocam, nos situam no epicentro da axiologia predicativa da juridicidade. A tutela da pessoa ainda não nascida é, exatamente, um desses domínios. Tendo tido oportunidade de nos pronunciar sobre a questão em diversos fóruns, fomos recentemente sensibilizados para a importância de partilhar algumas das nossas reflexões além-fronteiras, contribuindo, ainda que modestamente, para um debate que parece recrudescer no ordenamento jurídico brasileiro. O incentivo chegou pelas palavras de um dos nossos Mestres, o Professor Doutor Diogo Leite Campos, insigne civilista português, que, pela notoriedade da sua obra, dispensa apresentações também do outro lado do Atlântico, e, racionalmente, compreende-se pela articulação de duas ideias chave: a centralidade (do ponto de vista jurídico, ético e humano) do tema e a consciência de que, pese embora o Brasil seja nesta matéria um exemplo a seguir, é importante sedimentar argumentos para que, numa altura em que recrudesce no horizonte a discussão em torno dos nascituros e da sua proteção, se esteja consciente do exato alcance do que se discute. A nossa reflexão está, por isso, longe de ser exaustiva e centra-se preferencialmente no âmbito do direito privado, sem embargo de eventuais incursões sistematicamente justificadas pelos meandros do direito público.

Mafalda Miranda Barbosa

Professora-Associada. Universidade Coimbra, Instituto Jurídico da Faculdade de Direito de Coimbra, FDUC. Orcid: 0000-0003-0578-4249.

SUMÁRIO

NOTA PRÉVIA VII

CAPÍTULO I – A PROTEÇÃO DA VIDA DO NASCITURO E O PROBLEMA DA PERSONALIDADE JURÍDICA 1

1. Introdução 1

2. O personalismo ético e o problema da fundamentação do direito 3

3. O aborto 12

4. A proteção do embrião do ponto de vista do Direito Civil.... 17

5. A compatibilização entre a tutela civilística do nascituro e a regra contida no artigo 66º CC............................... 32

CAPÍTULO II – A VIDA COMO UM DANO? 53

1. Introdução.. 53

2. *Wrongful birth, wrongful life e wrongful conception actions* 54

    2.1   O estado da questão 54

    2.2   Os aspetos dogmáticos.. 60

3. A fundamentação da responsabilidade 61

    3.1   O direito à não-existência..................................... 61

    3.2   O putativo direito ao aborto 62

    3.3   O direito à autodeterminação da maternidade/paternidade e ao livre desenvolvimento da personalidade.. 64

3.4	A violação de disposições legais de proteção de interesses alheios	67
3.5	A responsabilidade contratual	70
4.	Os danos ressarcíveis	71
4.1	A vida como um dano...	71
4.2	Os outros possíveis danos e o preenchimento da responsabilidade	72
5.	O fim da vida e a consideração desta como um dano	80

REFERÊNCIAS.. 87

Capítulo I
A PROTEÇÃO DA VIDA DO NASCITURO E O PROBLEMA DA PERSONALIDADE JURÍDICA

1. INTRODUÇÃO

Se é certo que o ordenamento jurídico, globalmente considerado, se edifica em torno da dignidade da pessoa humana, não é menos verdade que algumas normas parecem beliscar o pilar axiologicamente fundamentante do sistema e quebrar a exigível e desejável unidade deste. Não temos a pretensão, nas linhas que se seguem, de olhar macroscopicamente para este problema. Pelo contrário, partindo de um nicho muito específico e privilegiando o enfoque civilístico, procuraremos tão-simplesmente tecer algumas considerações acerca de um problema que, sendo debatido há muito pela doutrina, ainda não conseguiu gerar um verdadeiro consenso entre os autores. Falamos, por um lado, da questão da proteção jus-civilística do nascituro e, relacionado com este tópico, do problema do início da personalidade jurídica. Tendo como pano de fundo estas referências problemáticas, importa explicitar, *ab initio*, que a aludida quebra de unidade passa pela consagração de regimes específicos – v.g. o regime penal do aborto; e o regime da procriação medicamente assistida – que, parecendo abrir brechas na proteção do nascituro, nos levam a questionar se, afinal, todas as formas de vida são dignas e, como tal, merecedoras de tutela. Ora, se a nossa resposta for *sim* – como não pode deixar de ser, porque implicada pelo próprio sentido constitutivo da juridicidade –, então haveremos de interpretar algumas das soluções positivadas pelo legislador à luz dos princípios em que se louvam. E, com isso, são não só questões de índoles teórico-conceptual que se esclarecem, como questões de índole prático-normativa que passam a conhecer uma solução consentânea com a intencionalidade normativa que não podemos deixar de reconhecer ao direito. Urge, porém, uma delimitação mais precisa do nosso objeto: o nosso propósito será, apenas, neste primeiro capítulo, o de perceber em que medida o nascituro titula ou não direitos de personalidade, qual ou quais os mecanismos de reação contra eventuais violações desses direitos e, *in fine*, articular as soluções a que chegámos com a interpretação do artigo 66º CC, nos termos do qual a personalidade jurídica apenas tem início com o nascimento completo e com vida[1].

---

1. Sobre as questões suscitadas pelo regime da procriação medicamente assistida, cf., *inter alia*, Manuel Carneiro da Frada. A protecção juscivil da vida pré-natal. Sobre o estatuto jurídico do embrião. *Forjar o Direito*. Coimbra: Almedina, 2015, 231 s., n. 5. O autor afirma que a lei da procriação medicamente assistida se mostra "cinzenta e ambígua" e acrescenta que "se ao nascituro se reconhece o caráter de pessoa e, com isso – inelutavelmente –, personalidade jurídica, daí deriva imediatamente a proibição de o sujeitar à condição de objeto e de instrumento para quaisquer fins, experimentais ou outros. Já se admitindo o caráter de pessoa e a personalidade jurídica a ela acoplada, toda a experimentação ou utilização para outros fins deve poder se, em princípio, tão ampla quanto possível. O que não se entende são ambiguidades (...)".
   Concluindo que o legislador reconhece, na regulamentação específica a que deu lugar, a dignidade do embrião, o Autor sustenta que não se entende que tal reconhecimento não tenha conduzido à "prevenção genérica da possibilidade de o instrumentalizar a fina que não ele próprio". Assim, "este farisaico equilibrismo legislativo repercute-se a cada passo, nas soluções avulsas dos diversos problemas. Por exemplo: para o legislador, a instrumentalização que o embrião sofre se for objeto de criação deliberada por PMA para investigação científica é tida aparentemente como incompatível com a dignidade humana (...). Mas caso os fins sejam outros e diferentes (entre eles, a criação de bancos de células estaminais e o próprio melhoramento das técnicas de PMA), já nada obstaria, ainda que a respetiva prossecução importe, do mesmo modo, a morte ou a destruição do embrião. Num outro plano, é também totalmente incongruente, por exemplo, proscrever a criação deliberada de embriões excedentários para experimentação e investigação científica, como se o problema estivesse na intenção que conforma o ato e não no ato em si mesmo. Na verdade, de que forma explicar no Direito que é a intenção que macula a conduta, se essa conduta não for tida como desconforme com a ordem jurídica? (...). Fica a sensação de uma lei, em diversos aspetos, obra de ideólogos e não de juristas".
   Sobre o ponto, cf., ainda, Rabindranath Capelo de Sousa. *O direito geral de personalidade*. Coimbra: Coimbra Ed., 1995, 157, n. 210; Diogo Leite Campos. O estatuto jurídico do nascituro. *Nós/Estudos sobre o Direito das Pessoas*. Coimbra: Almedina, 2004, 75 s.; José de Oliveira Ascensão. Direito e Bioética. *Direito da Saúde e Bioética*. Lisboa: Lex, 1991, 26 s.; José Manuel Cardoso da Costa. Genética e pessoa humana – Notas para uma perspetiva jurídica. *Revista da Ordem dos Advogados*, 1991, 464 s.

CAPÍTULO I • A PROTEÇÃO DA VIDA DO NASCITURO **3**

2. O PERSONALISMO ÉTICO E O PROBLEMA DA FUNDAMENTAÇÃO DO DIREITO

O direito existe por causa do homem e para o homem. É por causa da incompletude natural do ser humano, aliada à escassez de recursos para a satisfação de todas as suas necessidades, que as regras conformadoras da conduta, acompanhadas da nota da sancionatoriedade, se tornam imprescindíveis. Estas condições antropológica e mundanal de emergência do direito, como foram cunhadas por Castanheira Neves[2], não são, porém, suficientes para se poder afirmar que estamos diante de uma ordem de direito e do direito.

A juridicidade requer mais: aquele mais que, sendo viabilizado pelo sentido ético-axiológico pressuposto, nos impede de resvalar para uma ordem da força ou para uma ordem onde o ser humano seja aniquilado pela sua instrumentalização ou simples desconsideração. Aquele mais, ainda, que nos impede de resvalar para o formalismo próprio de um pensamento positivista que desconsiderava a materialidade subjacente aos casos concretos – vistos como meros correlatos lógicos da hipótese normativa – e deixava nas mãos do legislador todo o monopólio da criação do direito,

---

2. Cf. António Castanheira Neves. Coordenadas de uma reflexão sobre o problema universal do direito – ou as condições de emergência do direito como direito. *Digesta* – Escritos acerca do direito, do pensamento jurídico, da sua metodologia e outros. Coimbra: Coimbra Ed., 2008, , v. III, 13 s. O autor fala de três condições de emergência do direito: uma *condição mundanal* (" mundo é um e os homens nele são muitos. Esta condição básica, não obstante de um elementar truísmo, e não menos irredutível, pela qual a pluralidade dos homens se depara na unicidade do mundo, faz decerto com que aos homens, a comungarem o mesmo mundo, se imponha a necessidade tanto de nele conviverem como de o partilharem"); uma *condição antropológico-existencial* ("o homem habita e comunga o mundo numa condição social, mas habita-o nessa condição justamente como homem (…), como um ser que se distancia do mundo e de si próprio e nessa distância ultrapassa o mundo e a si próprio" com o que tem a possibilidade de objetivar a experiência e de superar as ideias, de submeter-se ao pensamento racional e de compreender a realidade espiritualmente, ou seja " reconhece-se finito e relativo no ser que é, mas não se reconhece menos e já por isso, deficiente e carecido do ser que pode ser – da sua plenitude de ser". Pelo que "o homem não existe só: e isto não apenas no sentido de que, vivendo numa pluralidade, não está só, mas essencialmente no sentido de que, sendo a sua uma existência comunitária, ele não é só"); e uma *condição ética*, a implicar que os homens se reconheçam não como objetos, mas como sujeitos, já que, "é pela qualidade de sujeitos que se institui no mundo humano, já á a indisponibilidade axiológica de uns pelos outros e as exigências normativas de uns aos outros (…), já á a constitutiva comparticipação de cada um no todo axiológico-normativamente comunitário".

que ficava assim à mercê do seu próprio arbítrio, ao ponto de se ignorar, inclusivamente, o problema da lei injusta. E se com isto não advogamos inexoravelmente o retorno a um pensamento de índole jusnaturalista que, na sua vertente racionalista, comungou com o método jurídico a racionalidade de tipo dedutivo, não é menos seguro que as nossas palavras indiciam a chamada à colação de um pensamento jurídico axiologicamente densificado, que faça apelo a uma ordem valorativa superior. É neste contexto que a Pessoa surge, com a sua liberdade (positiva) e a sua responsabilidade, no cerne da fundamentação do direito[3].

O homem como pessoa transforma-se, portanto, no centro gravitacional do jurídico e assume-se como o referente de sentido sem o qual o direito não é pensável. Mas importa perceber por que razão não pode o direito quedar-se num puro plano antropológico e reivindicar uma nota de alteridade que se esgote no respeito do outro enquanto outro diverso de mim, senhor dos seus destinos, como nós dos nossos. Isto é, por que razão se acolhe ao nível da juridicidade uma perspetiva fundamentante colimada na dignidade do ser pessoa? Responder a tal questão implica uma árdua tarefa. É todo o mundo em que mergulhamos que assim vai questionado. Mas, em detrimento de uma complexa formulação do porquê e para quê do direito, podemos optar por apontar as linhas mestras de inteligibilidade da assunção previamente anunciada.

Estribam-se em três pontos: insusceptibilidade de se apreender e realizar o direito se reduzido a uma pura forma orientadora das condutas em sociedade; inaceitabilidade de uma recondução daquele a um sistema que obnubile a centralidade do sujeito. A estes dois alia-se um último a mexer com a própria conceção de ser humano com que havemos de jogar. Desde logo, há a considerar a insuscetibilidade de compreender o homem do puro plano individualista, pela inviabilidade de, por essa via, se contruírem vínculos normativos.

---

3. Cf. António Castanheira Neves. Coordenadas de uma reflexão sobre o problema universal do direito...cit., 33 s., considerando que para passarmos "da individualidade à pessoa temos de passar do plano simplesmente antropológico para o mundo da coexistência ética, pois a pessoa não é uma categoria ontológica, mas uma categoria ética – (…) a primeira é uma entidade antropológica, a segunda é uma aquisição ética".

CAPÍTULO I • A PROTEÇÃO DA VIDA DO NASCITURO **5**

Em primeiro lugar, o individualismo conduz-nos a um ficcionismo intelectualizante e condena-nos a um autismo desagregador dos laços comunitários. O homem é incapaz de viver no isolamento solipsista de quem proclama, tendo como arquétipo o direito de propriedade, *a minha casa é o meu castelo intransponível*. O homem já não é identificado com o dessolidário eu, mas passa a ser compreendido na pressuposição de um tu. Como nos diz Cabral de Moncada, "a ideia de personalidade reclama a de outras personalidades (...). O *Eu* pressupõe e reclama o *Outro; o ego*, o *alter*. Ninguém pode sentir-se plenamente eu, pessoa, senão em frente de outros *eus*, outras pessoas ou personalidades"[4]. Porque o homem encerrado na sua identidade não é capaz de desenvolver a sua personalidade, ele só é pensável no encontro com o seu semelhante – através do qual se reconhece. Ao *Dasein* (ser aí) heideggeriano alia-se sempre o *Mitsein* (o ser com os outros). Simplesmente, o outro a quem me dirijo não pode ser visto numa perspetiva instrumental. Como diria Castanheira Neves, o outro de que aqui se cura não é mera "condição de existência (pense-se na *Lebenswelt* e na linguagem)", "condição empírica (pense-se na situação de carência e a necessidade da sua superação pela complementaridade e a participação dos outros)" ou "condição ontológica (pense-se no nível cultural e da existência, no nível de possibilidade do ser, que a herança e a integração histórico-comunitárias ofereçam)"[5].

Pois se todas estas dimensões são relevantes na vivência da individualidade, elas por si só não arredam da conformação da ipseidade a recusa ética, pelo que só o respeito e o reconhecimento do outro como um fim em si mesmo podem permitir a plena assunção da dignidade de cada um. Com o que se encontra

---

4. Luís Cabral Moncada. *Filosofia do direito e do Estado*. Coimbra: Coimbra Ed., 39. Mais acutilantemente, o autor chega a dizer que "trata-se (...) dum singular que não pode jamais pensar-se sem o seu plural".

   Cf., ainda, Cf. Diogo Costa Gonçalves. Pessoa e ontologia: uma questão *prévia* da ordem jurídica. *Estudos de Direito da Bioética*. Coimbra: Almedina, 2008, v. 2, 155 s., evidenciando o dado e mostrando a importância que a teologia cristã teve na compreensão do homem como um ser em relação: "para a antropologia cristã o homem é em relação e só é em relação. Não existe verdadeira realidade pessoal sem relação, sendo que a primeira e mais fundamental dimensão relacional é com Deus, o *Tu* eterno face ao qual o *eu* de cada Homem se explica e se compreende" (p. 156).

5. Cf. António Castanheira Neves. Pessoa. Direito e Responsabilidade cit., 150.

a dignidade do ser humano, não por derivação de uma qualquer característica ontológica, mas porque as exigências de sentido que lhe são comunicadas inculcam a necessidade do salto para o patamar da axiologia[6].

Em segundo lugar, o individualismo mostra-se incapaz de fundamentar a própria juridicidade. Ele não só esconde a verdadeira essência do ser humano e impede a sua integral realização digna, como se mostra incapaz de resolver o problema do *quid ius*. Pois, como questiona Castanheira Neves, "se tudo se funda nos interesses do indivíduo natural – pré-social, pré-ordenado e dessolidário – em recusa de todos os deuses (sejam eles eleutéricas transcendências ou valores transindividuais), e em termos de nessa linha de dizer inclusive que acreditar em direitos fundamentais é o mesmo que acreditar nas bruxas (não sendo eles senão interesses e determinados por interesses), como constituir e fundamentar então o vínculo social, supra-individual e normativo?"[7].

Se partimos exclusivamente do dado onto-antropológico não conseguimos, concludentemente, aceder ao agir ético porque ele, colocando-se no plano do dever ser, não pode ser colhido dedutivamente – à semelhança do que pretendia uma visão dedutiva jusnaturalista – do ser. O que este nos transmite é a impertinência racionalizante dos extremos: a solidão atomizante do individualismo e a sufocante hipertrofia socializante. Mas, se o plano do ser nos permite, logo, afastar determinadas mundividências jus-culturais, ela não logra, só por si, fundar a normatividade. A necessidade do outro não é impreterivelmente, como nos mostrou Castanheira Neves, a necessidade do agir ético, podendo cumprir-se na indiferença da sobreposição adjacente de existências que não se abrem ao outro nem atuam no âmago da sua dignidade humana.

Do plano filosófico e metodológico, a conclusão não será diversa. A fundamentação do jurídico no ontológico, do dever ser no ser não pode ser aceite na medida em que o direito não pode cumprir a sua função de validade "com o seu simples ser na realidade e com a

---

6. António Castanheira Neves. Pessoa, Direito e Responsabilidade cit., 150.
7. António Castanheira Neves. Pessoa, Direito e Responsabilidade cit., 145.

CAPÍTULO I • A PROTEÇÃO DA VIDA DO NASCITURO   7

realidade, mas mediante o transcender a realidade pressuposta numa intenção de validade que visa justamente realizar"[8].

Ora, a verdade é que o direito é uma ordem normativa. Tem como finalidade ordenar condutas, para o que assume uma determinada intencionalidade, a traduzir uma validade. E, para que essa validade não resvale num sem sentido ordenador do encontro no mundo, ela não pode deixar de convocar – para ser verdadeiramente válida – uma axiologia fundamentante[9]. Que vem a encontrar-se, afinal, naquele

---

8. Cf. António Castanheira Neves. *Questão de facto e questão de direito ou o problema meto-dológico da juridicidade (ensaio de uma reposição crítica)*. A crise. Coimbra: Almedina, 1967, 668.

    Aliás, se não resistíssemos à tentação de deduzir a validade a partir da realidade do ser, poderíamos ser condenados a um modelo de juridicidade aparentado com o dedutivismo criticado em outros tempos e ficar enredados num conceptualismo que olvida o caso concreto.

    Note-se, porém, que, ao lançarmos mão do contributo fenomenológico, acabamos por negar, de todo o modo, uma mera referência cognitiva ao real e o formalismo – cf. *Questão de facto*, 696. Importa, contudo, referir que o pensamento fenomenológico não nos serve para responder ao verdadeiro problema do *quid ius*.

9. Cf. Welzel. *Naturalismus und Wertphilosophie im Strafrecht, Untersuchungen über die ideologischen Grundlagen der Strafrechtswissenschaft*. Mannheim: Berlin, Leipzig, 1935. O autor funda a juridicidade na natureza das coisas como estrutura categorial-objetiva. Para ele existem determinados dados ontológicos a que o legislador, e mais amplamente qualquer intenção de validade, se tem de vincular. Haveria que discernir determinadas estruturas lógico-materiais – estrutura ontológica do jurídico – que o direito positivo não poderia deixar de respeitar se quisesse ser materialmente fundado. Dessas estruturas rapidamente se deduziria o seu regime jurídico, pelo que, com Welzel, a ação juridica-mente relevante não poderia deixar de ser a ação finalista, com todas as consequências daí advenientes no que se refere à construção dogmática da infração penal.

    Cf. António Castanheira Neves. *Questão de Facto* cit., 699 s.

    O autor vem mostrar que o dever ser não pode fundamentar o ser. É no plano axiológico e não ontológico que a juridicidade ganha o seu sentido. Para tanto, chama à colação a construção dogmática que Welzel edifica a partir da sua conceção de ação finalista ancorada nas estruturas lógico-ontológicas. Se a intencionalidade do agir humano condiciona o jurista, ela não indica quais, de entre estas, são ou não relevantes no plano do dever ser, nem justifica a necessidade de um juízo imputacional baseado na culpa.

    Na linha de Welzel, também o seu discípulo Stratenwerth terá procurado fundamentar o direito nas estruturas lógico-materiais.

    Outro terá sido o entendimento que via na natureza das coisas uma estrutura objetivo--histórica e existencial, na linha de Radbruch e Maihofer (cf. Radbruch. La natura delle cose come forma giuridica del pensiero. *Rivista internazionale di filosofia del diritto*, 21, 1941, 147 s.) Partindo de uma base sociológica, pretende, por meio dela, aceder ao sentido ontológico, postulando-se a imanência do valor no ser, que assim se quedaria em fundamento do dever-ser.

    Particularmente relevante a este nível se afigura a consideração da lição de Maihofer, não fosse o pensamento do autor sumariamente caracterizado pela recondução do

sentido de *dignitas* que a ética descobre no encontro – entendido no

problema da natureza das coisas para o problema do ser. Cf., do autor, *Recht und Sein*. *Prolegomena zu einer Rechtsontologie*. Frankfurt: Vitorio Klostermann Verlag, 1954. Na verdade, para ele o homem não o é apenas na sua unicidade e irrepetibilidade, dotado de uma total subjetividade que tornaria imprópria qualquer imposição exterior, mas seria portador – em simultâneo – de uma dimensão social, pela qual estaria investido em papéis e posições que o colocariam em face dos outros homens num determinada condição. "O homem deixa de ser considerado pela perspetiva da sua subjetividade (da sua autonomia individual) para ser considerado pela perspetiva dos outros e personificado através da função ou posição social que para eles ocupa (pai, filho, médico, juiz, comprador, etc)" [cf. António Castanheira Neves. *Questão de Facto* cit., 784].

Ao transcender-se a individualidade, encontrar-se-iam as estruturas de objetividade e nelas o fundamento para a imposição normativa. Opõe-se, desta feita, o pensamento de Maihofer ao dos autores que, partindo exclusivamente da subjetividade – e arredando dela a partícula *inter* –, consideram qualquer imposição normativa heterónoma como algo a evitar, pelo que se deveria circunscrever ao mínimo elementar para disciplinar a vida comunitária, renunciando sempre a impor uma dada conceção do mundo. Para ele, envergando um dos papéis que a comunidade lhe reserva, o homem encontraria o seu lugar no mundo, justificando-se e fundamentando-se a ordem social que mais não é do que a localização dele no contexto societário.

Só que, como alerta Castanheira Neves, no diálogo crítico que entretece com o autor, pode haver um "conflito irredutível entre o ser individual e o ser social integrado. Este é o problema que se coloca no quadro de um pensamento que quer ver em posições socialmente objetivadas o critério de uma objetividade axiológico-normativa" – cf. *Questão de Facto* cit., 786. Acresce que não só Maihofer não consegue verdadeiramente superar a antítese entre o dever de realizar o geral e o direito de afirmar a individualidade, pela consumpção dialética do *Selbstsein im Alssein* (exata estrutura ontológica do ser no mundo) [cf. António Castanheira Neves. *Questão de Facto* cit., 790], como, ao considerar que a natureza das coisas remete unicamente para as objetivações conseguidas e institucionalizadas, não encontra arrimo de sustentação para a resolução das questões mais complexas e problemáticas que ultrapassam aquela institucionalização (cf. op. cit, 798).

Ou seja, a Maihofer devemos o mérito de ter percebido que o homem não é pensável na sua redutível individualidade. Mas podemos apontar-lhe o erro de ter procurado encontrar o critério de resolução dos conflitos de interesses nas constelações destes, tipificadas no contexto social. Ora, como nos diz Castanheira Neves, "não tem o homem de adaptar-se e aceitar o desenvolvimento desumano das coisas, mas, pelo contrário, deve intervir na própria natureza para a humanizar constantemente" [cf. *Questão de Facto* cit., 798].

Donde, se conclui, de acordo com o ensinamento com que concordamos, não poder o critério de ordenação das condutas ser encontrado na imanência das estruturas objetivadas.

Indaga o Professor de Coimbra, "de que modo se pode deduzir da natureza das coisas um critério normativo? Em que termos vai nesta entendido um possível sentido axiológico?" (*Questão de facto* cit., 807). Maihofer encontra o conteúdo intencional nas estruturas sociais objetivadas na medida em que elas determinam o surgimento de determinadas expectativas recíprocas que, encontrando o seu fundamento nos interesses, são tidos como razoáveis (cf., para uma análise do pensamento do autor quanto ao ponto, A. Castanheira Neves. *Questão de facto* cit., 808).

CAPÍTULO I • A PROTEÇÃO DA VIDA DO NASCITURO

sentido do reconhecimento e do respeito – do *eu* com o *tu*[10].

Ou seja, da natureza ontológica relacional do ser humano resultariam determinadas estruturas sociais objetivadas, traduzidas nos papéis que cada um assume diante do outro. Investidos neles, cada um assume determinados interesses e gera expectativas razoáveis em relação ao comportamento dos outros, que assim se pode considerar valioso ou desvalioso. Tais expectativas, nas quais se ancoraria o dever ser, seriam mera expressão da estrutura relacional da sociedade. A elas se aliaria, depois, uma certeza científica.

Sem que isso nos resolva, ainda que da perspetiva comprometida com o autor, o problema de base da fundamentação da normatividade. Pois, como determinar, diante de interesses antagónicos, aqueles que se devem sobrepor como validade?

Maihofer adianta a solução do problema. Por um lado, apela à regra de ouro do encontro entre iguais (tratar o outro como gostaríamos que fossemos tratados); por outro lado, sustenta ser necessário operar uma tarefa de generalização. Quer dizer, olhar-se-ia para cada uma dessas expectativas para, em relação a elas, se discernir se podem ou não ser arvoradas em leis gerais do comportamento, numa clara inspiração kantiana.

Cf. António Castanheira Neves, *Questão de facto* cit., 811, para uma análise crítica do pensamento do autor. Pode aí ler-se que "o recurso à regra de ouro para aferir dos interesses e obrigações não é justificado pelo sentido das relações da coexistência definidas por *Alssein*. O *Alssein* que eu sou para outrem define uma constelação socialmente típica de exigências ou pretensões, mas a sua objetivação, e enquanto objetivação, não tem nada que fundamente uma obrigação minha. Pensar o contrário implicaria anular o próprio princípio normativo" (cf. p. 813-814). No fundo, "se o *Alssein* traduz oposição de existências ele não pode ser vinculante ou critério de um vínculo normativo" (p. 816), pelo que "no domínio da ordem humana, a regra de ouro só adquire sentido ao pressupor uma comunidade ética que fundamente a corresponsabilidade ou solidariedade moral" (p. 815).

Castanheira Neves encontra, então, o verdadeiro fundamento do jurídico na comunidade, assumida como comunidade de pessoas, o que implica uma "comunhão axiológica em que cada um se compreende como pessoa". "Fundo-me no valor de que estou revestido para dirigir aos outros exigências éticas e isto porque os outros participam comigo nessa comunidade ética e nessa participação se responsabilizam perante mim. Desvincular-me para com os outros é negar-lhes a qualidade de pessoas", e assim "negar-me a mim como pessoa".[cf. p. 818].

10. "Uma certa valoração remete necessariamente para um objeto com uma determinada e correlativa estrutura do ser. E essa estrutura ou modo de ser implica necessariamente um certo tipo de valoração (…)" Uma certa valoração "vai implicada se entre o objeto e a valoração se antecipasse uma unidade constitutiva intencional de que eles fossem faces correlativas. Ou então, se a estrutura objeto a ter em conta fosse mero correlato objetivo da valoração" – cf. A. Castanheira Neves. *Questão de facto* cit., 725 s.

Ou seja, e continuando a acompanhar o pensamento do autor que aqui acolhemos: "a valoração pressupõe o objeto que valora. E fá-lo para o julgar ou valorar. (…) Mas não se pode concluir que a valoração lhe vai referida em termos de nele próprio irem traçadas as linhas da sua integração axiológica".

Dito de uma forma mais direta, se o fundamento último da valoração for o próprio objeto valorado, o juízo a que acedemos não ultrapassa a mera explicitação do sentido daquele. Donde se conclui que o fundamento da juridicidade – não podendo ignorar a estrutura ontológica do ser humano – há-de fazer apelo a uma dimensão axiológica sem a qual a judicativa tarefa em que ela se realiza não se logrará cumprir.

Dá-se o salto do plano ontológico para o plano axiológico para, fundadamente, sustentar que uma validade que o queira ser não pode extrair do puro encontro de subjetividades o critério da sua fundamentação, pois que nada garante que o outro seja visto na sua total dignidade[11]. De outro modo, dir-se-á, acompanhando o ensinamento dos mestres em que nos estribamos, que, ao situarmo-nos nessa dimensão do ser, não conseguiremos nunca determinar qual das posições subjetivas – eventualmente em conflito – deve prevalecer, posto que só na pressuposição de uma intencionalidade, colhida numa ordem valorativa pressuposta, é possível salvaguardar uma em detrimento da outra, sem resvalar no puro arbítrio. O fundamento da normatividade não pode deixar de ser colhido na ética, exceto se – posição que liminarmente rejeitamos – entendermos ver na juridicidade uma mera forma ordenadora de condutas.

Não é o encontro do *Eu* com o *Tu* que permite fundar o dever ser. Mas já o será o encontro do *Eu* que olha para o *Tu* no sentido do respeito, o encontro do *Eu* que, reconhecendo-se como pessoa, dotada de uma ineliminável dignidade ética, vê no *Tu* um semelhante igual a si[12].

Isto quer dizer que a pessoa – que surge no epicentro da fundamentação da juridicidade – não é apenas acolhida pelo ordenamento

---

No fundo, o que pretendemos mostrar em texto foi a necessidade de considerar, contra todo o racionalismo, o dado concreto do modo de ser do sujeito, para depois, transcendendo-o, o assumir como um ser de valor, isto é, que incorpora um determinado sentido de valor.

11. Por isso, considera-se também inconcludente a perspetiva filosófica proposta por Habermas, decorrente da edificação das condições transcendentais da comunicação. Cf. HABERMAS. *Direito e democracia entre facticidade e validade*. Trad. Flávio Beno Siebeneichler. Rio de Janeiro, 2003 (original: *Faktizität und Geltung. Beiträg zur Diskurstheorie des Rechits und des demokratische Rechitstaats*. 4. ed. Frankfurt: Ed. Suhrkamp, 1994).

    Não é a definição das regras que viabilizem a situação discursiva ideal que logram a obtenção do reconhecimento ético entre iguais, no qual se pudesse fundar a juridicidade.

12. Nesse reconhecimento do *tu* interpõe-se a comunidade ética onde ambos se inserem e por meio da qual se responsabilizam eticamente com os outros. Cf., sobre o ponto, António Castanheira Neves. O direito interrogado pelo tempo presente na perspetiva do futuro. *Boletim da Faculdade de Direito*. v. LXXXIII. Coimbra, 2007, 52 s. É que o reconhecimento da pessoalidade do outro implica um referente de sentido – e portanto o salto do plano ontológico para o plano axiológico – através do qual a presença dele como um igual se torna visível. A experiência solipsista – a mera consciência do *eu* – não logra garantir tal desiderato, pelas idiossincráticas e por vezes perturbantes perceções individuais. Daí a referência ao terceiro de que nos fala Castanheira Neves.

jurídico, mas impõe-se como expressão e limite de validade desse mesmo ordenamento. Ou seja, o princípio da dignidade da pessoa humana, consagrado no artigo 1º CRP, não deve ser só perspetivado como princípio fundamental reconhecido a esse nível e imposto ao quadro infraconstitucional, mas deve ser entendido como um referente de sentido que se impõe ao próprio legislador (constituinte e não constituinte). Este personalismo ético, que contamina, também e obviamente, o direito civil, apresenta inúmeros reflexos. Diríamos mesmo que, em maior ou menor medida, porque cada norma há de louvar-se, em última instância, no princípio normativo do direito enquanto direito, ele se reflete em toda e qualquer solução normativa. Há, porém, alguns aspetos do sistema que com uma meridiana clareza não são senão uma concretização dessa ideia de dignidade. Assim: a afirmação do homem como pessoa, a fundar o reconhecimento dos seus direitos de personalidade, a afirmação da sua liberdade (positiva) e da sua responsabilidade, o reconhecimento da personalidade jurídica e da capacidade do sujeito, o respeito pela propriedade privada, enquanto forma de desenvolvimento daquela personalidade, a defesa da família; e a implicar o estabelecimento de laços de solidariedade, com proscrição de todo o egoísmo individualista[13].

Desta feita, o artigo 24º CRP, ao prescrever a inviolabilidade da vida humana, é expressão direta do personalismo ético a que nos referimos. Ora, se é assim no plano do direito constitucional, não o pode deixar de ser, também, no quadro do direito civil. Aliás, e em rigor, os direitos de personalidade não só coincidem, em muitos aspetos, com os direitos fundamentais, como alargam materialmente o âmbito de relevância do catálogo de direitos, liberdades e garantias[14]. Quer isto dizer que o direito civil não pode deixar de tutelar a vida humana, enquanto bem jurídico que integra a personalidade jus-civilisticamente tutelada.

---

13. Cf. Pedro Pais de Vasconcelos. *Teoria Geral do Direito Civil*. 3. ed. Coimbra: Almedina, 2005, 12 s.
14. Nesse sentido, cf. Rabindranath Capelo de Sousa. *O Direito geral de personalidade* cit., 92, 96 s., 581 s., considerando que o direito geral de personalidade pode ser entendido como um direito fundamental de natureza análoga aos direitos, liberdades e garantias. Veja-se, ainda, Paulo Mota Pinto. Os direitos de personalidade no Código Civil de Macau. *Boletim da Faculdade de Direito*. 76, 2000, 205-250 (207).

12 | DIREITO E PESSOA NÃO NASCIDA • Mafalda Miranda Barbosa

Esta afirmação, por si só, contudo, não resolve o nosso problema. Na verdade, há que concretizar os termos dessa proteção, por um lado, e, por outro lado, há que determinar o âmbito de relevância da vida humana para estes efeitos. Os dois nódulos problemáticos tornam-se fundamentais a este nível, por não estarmos a lidar com a vida humana de pessoas já nascidas, mas com a vida humana de nascituros.

3. O ABORTO

Dir-se-ia, numa primeira aproximação ao problema, que, entre nós, o aborto é ilícito. Contudo, no quadro do direito penal, existem diversas hipóteses de realização de um aborto sem que haja cominação de uma pena. O artigo 142º C. Penal estabelece que "Não é punível a interrupção da gravidez efetuada por médico, ou sob a sua direção, em estabelecimento de saúde oficial ou oficialmente reconhecido e com o consentimento da mulher grávida, quando a) constituir o único meio de remover perigo de morte ou de grave e irreversível lesão para o corpo ou para a saúde física ou psíquica da mulher grávida; b) se mostrar indicada para evitar perigo de morte ou de grave e duradoura lesão para o corpo ou para a saúde física ou psíquica da mulher grávida e for realizada nas primeiras 12 semanas de gravidez; c) houver seguros motivos para prever que o nascituro virá a sofrer, de forma incurável, de grave doença ou malformação congénita, e for realizada nas primeiras 24 semanas de gravidez, excecionando-se as situações de fetos inviáveis, caso em que a interrupção poderá ser praticada a todo o tempo; d) a gravidez tenha resultado de crime contra a liberdade e autodeterminação sexual e a interrupção for realizada nas primeiras 16 semanas; e) for realizada, por opção da mulher, nas primeiras 10 semanas de gravidez."

Os autores penalistas não são unânimes no tocante à interpretação do preceito. Se para muitos o que está em causa é a exclusão da ilicitude do ato, para outros, com exceção da alínea a) do nº1, o que estaria em causa seria a exclusão da punibilidade pela ausência (ou atenuação) da culpa da mulher que decide abortar[15]. No tocante à

---

15. Cf. Jorge Figueiredo Dias. *Comentário Conimbricense do Código Penal.* 2. ed. Coimbra: Coimbra Ed., 2012, t. I, artigo 142º; António Manuel Almeida Costa. Aborto e direito penal. *Revista da Ordem dos Advogados*, 1984, III, 76 s.; Manuel da Costa Andrade, "O

alínea e), acrescentada ao preceito depois da consulta popular sobre a matéria, ulteriores problemas se colocam. Na verdade, vozes ecoam no sentido da inconstitucionalidade da solução dos prazos que passou a estar consagrada no nosso ordenamento jurídico[16].

Independentemente do entendimento que se possa derramar sobre a questão, inequívoco é que a despenalização do comportamento (ou a sua descriminalização) não resulta da falta de dignidade penal do bem jurídico[17]. O direito à vida é inviolável, e, se dúvidas houvesse no tocante à abrangência com que deve ser interpretado o

---

aborto como problema de política criminal", *Revista da Ordem dos Advogados*, 1979, II, 293 s.

Sobre o ponto, cf. a análise de Pedro Pais de Vasconcelos. A posição jurídica do pai na interrupção voluntária da gravidez. In: CAMPOS, Diogo Leite; CHINELLATO, Silmara (Coord.). *Pessoa humana e direito*. Coimbra: Almedina, 2009, 400 s.

16. Manifestando-se neste sentido, no quadro do direito civil, embora em momento anterior à alteração legislativa, cf. Rabindranath Capelo de Sousa. *Teoria Geral do Direito Civil – I*. Coimbra: Coimbra Ed., 2003, 276, n. 688.

Cf., também, Joachim Hruschka. Zum Lebenrecht des Foetus in rechtsethischer Sicht. *Juristenzeitung*, 10, 1991, 507 s.

17. Importa a este ensejo salientar que o Tribunal Constitucional nunca foi chamado a pronunciar-se sobre a eventual inconstitucionalidade do preceito. A consulta que lhe foi dirigida prendeu-se, tão-só, com a questão da eventual inconstitucionalidade de referendar, por via popular, o direito à vida. No acórdão proferido por este Tribunal podemos, contudo, divisar argumentos no sentido da não inconstitucionalidade da alteração legislativa. Assim, cf. Acórdão 617/2006 do Tribunal Constitucional.

Cremos, contudo, que a constitucionalidade da lei é duvidosa, por dois motivos. Em primeiro lugar, deixa praticamente sem proteção um bem jurídico fundamental; em segundo lugar, na ponderação dos interesses (aparentemente – e só aparentemente) em conflito, valora superiormente o interesse axiologicamente inferior, deixando o embrião à total mercê da vontade arbitrária da mãe. Importa, contudo, ter em conta o que fica inscrito em texto.

Vejam-se, ainda, as declarações de voto de alguns conselheiros do Tribunal Constitucional. Assim, Moura Ramos, considerando que o bem jurídico seria totalmente desprotegido até às 10 semanas e que a ponderação de bens jurídicos não pode ser feita em abstrato, sem conexão específica dos seus titulares; Maria dos Prazeres Beleza, sustentando a inconstitucionalidade da liberalização que torna lícito o aborto até às 10 semanas, por tal ser inconciliável com o princípio da inviolabilidade da vida, já que não haveria qualquer causa de justificação passível de afastar a licitude do ato; Benjamim Rodrigues, considerando que, se é certo que o legislador pode conferir diferentes graus de proteção criminal ao *continuum* da vida, a verdade é que não pode retirar qualquer proteção penal durante as primeiras dez semanas de gravidez, por isso implicar uma absoluta desproteção da vida; Mário Torres, sustentando a inconstitucionalidade de um sistema de prazos não condicionado por um sistema de aconselhamento orientado para a salvaguarda da vida e sublinhando a violação do princípio da igualdade por uma norma que viria a permitir a interrupção voluntária da gravidez depender exclusivamente da decisão da mãe, sem atender à vontade do pai.

preceito constitucional – o citado artigo 24° CRP –, elas dissipar-se--iam pela imprescindível consideração da inexistência de diferenças ontológicas entre um embrião com dez semanas e um embrião com onze semanas e bem assim entre um embrião (independentemente do tempo de gestação) e uma criança já nascida[18]. Nessa medida, a despenalização do comportamento em causa, quando revista certas características, só pode ser entendido à luz da outra categoria que justifica a criminalização: a eficácia. Advogam, de facto, os defensores da despenalização do aborto – ou do aborto até um determinado prazo – que, porque se trata de um *crime sem vítima*, a intervenção do direito penal seria irrelevante ou, pior, levaria a agravar a posição das mulheres que, desejando abortar, dispunham de meios económicos para levar a cabo o ato fora das fonteiras portuguesas. Temos muitas dúvidas que a argumentação possa ser aceite, sobretudo pela consciência da fragilidade da vida em questão e pela necessidade de a proteger diante de tamanha vulnerabilidade. Não obstante, a fragmentaridade do direito penal e um certo entendimento do princípio da proporcionalidade parecem, segundo alguns autores, autorizar a conclusão[19].

O que já não é possível é extrair da lei penal e da sua interpretação um verdadeiro direito ao aborto[20]. Como esclarece Carneiro da Frada, num texto a propósito do mesmo quadro problemático-normativo, "a tutela constitucional não está condicionada por

---

18. Cf., nesse sentido, *inter alia*, Rabindranath Capelo de Sousa. *Teoria Geral do Direito Civil* cit., 266, afirmando que o "nascituro concebido emerge como um ser dotado de uma estrutura e dinâmica humanas autónomas, embora funcionalmente dependente da mãe"; Diogo Leite Campos. A criança-sujeito: a vida intra-uterina. *Nós* – Estudo sobre o direito das pessoas. Coimbra: Almedina, 2004, 57 s.; Diogo Leite Campos. O estatuto jurídico do nascituro cit., 75 s.; Diogo Leite Campos. O início da pessoa humana e a pessoa jurídica. *Revista da Ordem dos Advogados*, 2001, 1257-1268.

19. Sobre a questão da fragmentaridade do direito penal, cf. José de Faria Costa. *O perigo em direito penal*. Coimbra: Coimbra Ed., 1992, 10 s.
    Sublinhe-se, ainda, que a posição exposta – por motivos de argumentação – não coincide com a nossa posição em matéria de despenalização do aborto.

20. Afirmando-o expressamente, cf. Pedro Pais de Vasconcelos. A posição jurídica do pai na interrupção voluntária da gravidez cit., 400 s.: "da leitura conjugada dos artigos 140° a 142° do C. Penal, resulta com muita clareza que a interrupção voluntária da gravidez é ilícita e constitui crime, mesmo quando não seja punível nas circunstâncias do artigo 142. (...) A tipificação da conduta como crime afasta a sua qualificação como exercício de um direito subjetivo. Não é juridicamente concebível um direito subjetivo à prática de um crime".

CAPÍTULO I • A PROTEÇÃO DA VIDA DO NASCITURO **15**

normas infraconstitucionais; pelo contrário, estas é que obedecem àquelas"[21]. Ou seja, uma norma – de índole penal ou outra – que quisesse, a despeito do preceito que garante a inviolabilidade do direito à vida, atribuir tal direito só seria constitucional se se excluísse dessa proteção a vida intrauterina. Ora, não há nada – nenhum dado ontológico ou axiológico – que viabilize tal interpretação. Recorrendo novamente ao verbo de Carneiro da Frada, "introduzir-se-ia uma limitação arbitrária, que o texto constitucional não consente"[22]. Mais do que isso, estar-se-ia a desrespeitar o fundamento axiológico que sustenta o próprio ordenamento jurídico, pelo que uma regra dessa índole não poderia ser considerada uma regra de direito e do direito. Na verdade, é inegável que o embrião configura uma vida humana e a qualquer vida humana, em qualquer das suas formas, há de ser atribuído o estatuto de pessoa, sob pena de se abrir as portas a uma diferenciação axiológica entre seres humanos que choca com os quadros valorativos em que nos movemos[23].

---

21. Manuel Carneiro da Frada. A protecção juscivil da vida pré-natal. Sobre o estatuto jurídico do embrião cit., 244.
22. Manuel Carneiro da Frada. A protecção juscivil da vida pré-natal. Sobre o estatuto jurídico do embrião cit., 244.
23. Cf., de forma a acompanhar o intenso debate a que hodiernamente se assiste a propósito da conceção de pessoa, Stanley Rudman. *Concepts of Person and Christian Ethics. New Studies in Christian Ethics*. Cambridge University Press, 1997. A páginas 21, somos confrontados com a diferença entre uma visão individualista do *eu* e o conceito social de pessoa.

    Saliente-se que, como decorre do corpo do nosso texto, aderimos a uma visão abrangente que recusa a exclusão da dignidade de pessoa a qualquer ser humano. Dito de outro modo, assumimos comprometidamente que este, por o ser, independentemente do seu estádio de evolução, das suas características e das condições concretas em que se encontra, é portador de uma tal dignidade que jamais lhe poderá ser retirado o estatuto de pessoa, dado que isso implicaria a sua reisificação.

    Posição diversa tem sido, contudo, filosoficamente sustentada por múltiplos autores, implicando este divórcio que o conceito de ser humano seja "puramente descritivo, moralmente neutro ou insignificante, enquanto a pessoa implica um juízo valorativo referido a um agente moral" (p. 79). Centrado o debate, noutros tempos, no problema da alma, é hoje dominado pela questão da consciência. Racionalidade, autoconsciência, autocontrolo, sentido do futuro, capacidade para se relacionar com os outros, capacidade de comunicação, capacidade para sentir dor são algumas das características autonomizadas como requisitos de acesso à pessoalidade.

    Presidem à nossa rejeição de princípio das doutrinas filosóficas aqui condensadas – e radicadas no pensamento de autores como Tooley, Peter Singer, Engelhardt, J. Harris (cf. Stanley Rudman, *Concepts of Person* cit., 21 s.), ou mesmo, numa linha não utilitarista, como Habermas (cf. *O futuro da natureza humana. A caminho de uma eugenia liberal?*

16 | DIREITO E PESSOA NÃO NASCIDA • Mafalda Miranda Barbosa

É claro que a proteção da vida humana não é absoluta e irrestrita. Basta, para o entendermos, que nos lembremos das hipóteses de legítima defesa. Contudo, nesses casos, está em causa um conflito de interesses/valores hierarquicamente idênticos; ao invés, nas situações de aborto *ad nutum*, nada se sobrepõe à ou equivale a vida do embrião. De um lado, somos confrontados com uma vida; do outro lado, somos confrontados com a invocação de um pretenso direito à liberdade da mãe que, mal compreendido, redunda, afinal, numa falsa liberdade. De facto, não só não está em causa o direito à autodeterminação da maternidade[24], que se joga a montante, no momento da prestação do consentimento para a prática de um ato

---

Coimbra: Almedina, 2006) – não considerações de índole prática (para as quais somos alertados por K. Wilkes, *Real People*. Oxford University Press, 1987, apud Rudman, *Concepts of Person* cit., 77), mas pressupostos materiais que fazem apelo ao sentido ético-axiológico profundo do ser humano. As características de unicidade e irrepetibilidade de que cada um goza tornam-no indisponível diante dos demais e fazem-no merecedor de uma pretensão de respeito a que ninguém se poderá furtar. De Peter Singer, cf. *Ética Prática*. Gradiva, 1993, para uma análise das posições (chocantes) do autor. Para um diálogo com algumas dessas posições, v. Mafalda Miranda Barbosa. Breve reflexão acerca do problema do estatuto jurídico dos animais: perspetiva juscivilista. *Boletim da Faculdade de Direito*, 89/I, 206 s.

O apelo à pessoalidade não se baseia, portanto, na necessidade de, segundo uma qualquer racionalidade, mobilizar um critério de seleção ou restrição, mas na urgência de, de forma prático-normativamente comprometida, compreender as linhas de inteligibilidade do modo de ser ontológico e axiológico do homem, para, nesse quadro, nos afastarmos de uma visão abstrata, dessolidária e, assim, não só empobrecedora daquele, como irrealista. O que fica encerrado na fórmula pessoa humana – em oposição ao indivíduo – são, portanto, as notas de abertura ao outro e de responsabilidade que presidiram ao nosso pensamento e aqui são retomadas a outro propósito.

Não se diz que só é pessoa aquele que é responsável. Diz-se que a idoneidade, em abstrato, para responder pelas suas ações é a pedra de toque que, coligando-se dialeticamente com a liberdade, colora a pessoalidade. Diz-se mais que o afastamento dessa nota, positivamente perspetivada e entretecedora da sua essência, o condena ao desdignificante autismo individualista, pelo que deve ser, *a priori*, rejeitado.

Mas há que ter presente que, ao lidar com o homem histórico-concretamente situado, nos afastamos de abstrações de tipo racionalizante, pelo que há que indagar, em concreto, por referência a cada atuação, qual o grau de liberdade exercitada e qual o nível de autodeterminação alcançada. Podendo concluir-se que, naquele momento, elas estavam ausentes.

Formule-se, *in fine*, sinteticamente o que tentámos expor. Qualquer ser humano, por o ser, é pessoa. Sendo-o é livre e responsável. Se essa liberdade estiver, em concreto, excluída, não haverá responsabilidade, porque falha o enquadramento da imputação. O que não significa que deixe, aí, de ser pessoa.

24. Sobre o ponto, cf. António Menezes Cordeiro. *Tratado de Direito Civil Português*, I/III. Coimbra: Almedina, 2004, 273 s.

sexual relevante não protegido por um meio contracetivo, como, diante do *outro*, de um ser humano que nos dirige uma pretensão de respeito, a liberdade (positiva e axiologicamente densificada) só pode ser compreendida na relação de cuidado que afasta toda e qualquer nota de egoísmo hedonista.

Assim sendo, as normas que regulamentam a exceção introduzida na lei penal à punibilidade do aborto – ao permitirem o acesso da mãe grávida ao serviço nacional de saúde para abortar, como condição para essa mesma não punibilidade – não podem ser senão interpretadas no sentido de o Estado reivindicar para si o controlo das circunstâncias em que o ato é levado a cabo, não podendo ir ao ponto da consagração do não-direito a que aludimos *supra*.

4. A PROTEÇÃO DO EMBRIÃO DO PONTO DE VISTA DO DIREITO CIVIL

O que ficou dito permite-nos extrair uma conclusão de suma importância. Na verdade, a partir do momento em que justificadamente reconhecemos a impossibilidade de negar a um ser humano – ainda que nascituro – a qualidade de pessoa e em que justificámos as exceções à punibilidade do aborto do ponto de vista da eficácia da lei penal – e já não da dimensão de validade, isto é, da dignidade do bem jurídico –, convocando assim a ideia de última *ratio* que predica o direito criminal, abrimos as portas à possibilidade de proteção do embrião ao nível do direito civil.

Esta proteção é reconhecida em muitas situações e parece impor-se com meridiana clareza nas restantes.

Na verdade, o próprio ordenamento jurídico tem vindo a reconhecer a relevância jurídica dos casos em que o embrião sofre uma lesão quando ainda estava no ventre materno, vindo a nascer com malformações ou outras patologias, quer estas se revelem imediatamente no momento do nascimento, quer se revelem em momento posterior. Carneiro da Frada oferece-nos, inclusivamente, um quadro referencial de hipóteses que, "entre nós e segundo a jurisprudência estrangeira, parecem pacíficas e consensuais no sentido do merecimento de tutela do sujeito nascido com deficiência"[25]: lesões provocadas por negligência médica; lesões sofridas pelo nascituro em virtude de agressões ou maus tratos infligidos à mãe; lesões resultantes de acidentes de viação; lesões provocadas por medicamentos receitados às mães durante a gravidez[26].

Ora, se se protege a integridade física do nascituro não se descortina qualquer motivo para deixar sem tutela a sua vida. É certo que o artigo 66º/2 CC consagra que "os direitos que a lei reconhece aos nascituros dependem do seu nascimento". Mas, deve-se operar uma redução teleológica do preceito, considerando que o mesmo apenas se aplica aos direitos de natureza patrimonial, sob pena de se gerar uma antinomia normativa. Com efeito, a mobilizar-se a solução para as hipóteses em que estivesse em causa um direito de natureza pessoal, chegar-se-ia a um paradoxo: aquele paradoxo que nos levaria a indemnizar os danos gerados pela lesão da integridade física, mas já não os danos causados por um comportamento com um acrescido grau de desvalor – do ponto de vista objetivo e mesmo, porque não, do ponto de vista subjetivo, se, por exemplo, o agente perpetrador do ato ilícito tivesse agido com dolo[27].

Por outro lado, se a conformidade da lei penal com o sentido do justo só se garante com recurso à aludida ideia de última *ratio* e de

---

25. Manuel Carneiro da Frada. A protecção juscivil da vida pré-natal. Sobre o estatuto jurídico do embrião cit., 235.

26. Manuel Carneiro da Frada. A protecção juscivil da vida pré-natal. Sobre o estatuto jurídico do embrião cit., 235. O autor relembra, ainda, um outro dado importante: trata-se da possibilidade, reconhecida pelos tribunais superiores, de indemnização dos danos não patrimoniais sofridos pelo nascituro (quando ainda o era) e compensados nos termos do artigo 496º/2 CC.

Acerca do melhor entendimento do preceito, cf. Mafalda Miranda Barbosa. A (im)pertinência da autonomização dos danos puramente morais? Considerações a propósito dos danos morais reflexos. *Cadernos de Direito Privado*. n. 45. jan./mar. 2014, 3 s.

Mais problemático parece ser a possibilidade de indemnizar as lesões causadas por comportamentos anteriores à conceção que, afetando a mãe, se vão depois repercutir na integridade física do filho. Negando tal possibilidade, cf. Manuel Carneiro da Frada. A protecção juscivil da vida pré-natal. Sobre o estatuto jurídico do embrião cit., 236. Parecendo favorável ao ressarcimento, Rabindranath Capelo de Sousa. *Teoria Geral do Direito Civil* cit., 272, n.676, referindo-se a uma decisão do Supremo Tribunal Federal alemão citada por Hubmann.

27. Cf. Rabindranath Capelo de Sousa. O direito geral de personalidade cit., 161 e 163, n.226 e *Teoria Geral do Direito Civil* cit., 272, n.673.

CAPÍTULO I • A PROTEÇÃO DA VIDA DO NASCITURO   **19**

eficácia daquela[28], então reforçamos a ideia de que não existe nenhum obstáculo ao alargamento da proteção que o direito civil dispensa ao nascituro para além dos casos em que foi um terceiro – estranho ao núcleo gestacional – a provocar a lesão. Ou seja, e dito de uma forma mais simples, se todos os casos (mais ou menos) pacificamente aceites pela doutrina e jurisprudência[29] se estruturam em torno de

---

28. Refira-se, contudo, que não nos parece – pela fragilização da tutela concedida ao embrião – legítima a retração do direito penal a este nível. No fundo, parece-nos que a questão da eventual eficácia do direito penal não é suficiente para justificação a não punição do comportamento. O que se intenta dizer em texto é, então, que, a haver possibilidade – o que é duvidoso – de conformidade entre a lei despenalizadora do aborto até às 10 semanas, ela não se pode pautar pela desconsideração da dignidade do bem jurídico. Sobre a questão, cf. Manuel Carneiro da Frada. Aborto e Direito: reflexões a propósito de um referendo cit., *Vida e Direito*, 1998, 102 s.; Paulo Otero. *Direito da Vida* – Referendo sobre o programa, conteúdos e métodos de ensino. Coimbra, 2004, 129 s., considerando que não é possível, do ponto de vista constitucional, descriminalizar os atentados contra a vida. Cf., novamente, o Acórdão 617/2006 do Tribunal Constitucional.

29. Há, de facto, autores que negam a possibilidade de recurso à tutela ressarcitória nos casos em que da lesão adveio a morte do embrião. Em causa estaria a aplicação do n. 2 do artigo 66° CC.

   A este propósito, cf. a posição de António Menezes Cordeiro. *Tratado de Direito Civil Português*, I/III cit., 291. O autor sustenta que o atentado à integridade do nascituro é um ato ilícito. Se do atentado resultar uma lesão não letal, o próprio nascituro tem o direito, depois do nascimento, a ser indemnizado. A morte do nascituro dará lugar à indemnização dos danos morais, nos termos do artigo 496° CC. Do mesmo modo, todos os danos patrimoniais causados aos pais do nascituro devem ser ressarcidos. Quanto ao nascituro, entende o autor que, não tendo havido nascimento, não se constitui o direito à indemnização do próprio. Cf., porém, o que o autor diz a propósito da personalidade jurídica do nascituro.

   Sobre o ponto, cf., igualmente, o precedente *Bonbrest v. Kotz*, onde se estabelece que há uma lesão independente assim que a criança se torna viável, isto é, a partir do momento em que a criança é capaz de ser separada da mãe e sobreviver; e onde se sublinha que, havendo uma lesão, a criança que venha a nascer com vida pode ser compensado por tais lesões. Tal direito à compensação existe mesmo que venha a morrer depois do nascimento. Já não haveria, contudo, se morresse antes do momento do nascimento. A este propósito, v. Carl Wellman. The concept of fetal rights cit., 66 s.

   Recuperando as palavras de Capelo de Sousa, diremos que não faz sentido que o ordenamento jurídico imponha uma obrigação ressarcitória numa situação de lesão da integridade física ou de outros direitos de personalidade do nascituro e deixe sem tutela as situações em que há violação do direito à vida. A aplicação irrestrita do artigo 66°/2 CC geraria a antinomia normativa denunciada pelo autor. São suas as palavras: "o concebido tem uma personalidade jurídica parcial, onde se inclui a titularidade do direito à sua vida intra-uterina e ao desenvolvimento desta com vista ao nascimento completo e com vida extra-uterina. Seria, aliás, estranho que fossem ressarcíveis os danos à integridade física do concebido, particularmente quando este venha a nascer com vida, e já não o dano da sua morte, pois então seria premiado o assassino mais eficaz que causasse a morte do concebido, face ao agressor que tão só lhe produzisse danos corporais".

Cf. Carl Wellman. The concept of fetal rights cit., 68, considerando que os direitos condicionais podem fazer algum sentido. No caso dos direitos de natureza patrimonial, trata-se de salvaguardar a vontade do doador ou testador. Além disso, se a criança não chegar a nascer, não tem necessidade de prover pelo seu sustento. No que respeita aos direitos de natureza pessoal, explica que o propósito do direito é compensar os pais pelos gatos em cuidados médicos; além disso, não é necessário indemnizar o dano da morte, uma vez que os pais há têm direito a uma *independente cause of action* pela morte do filho. Ora, se se permitisse que recebessem uma indemnização em nome do filho, haveria uma dupla compensação, o que constituiria um excessivo ónus para o lesante. O autor aduz outros dois argumentos a justificar a condicionalidade dos direitos ao nascimento: em primeiro lugar, se o direito não fosse condicionado ao nascimento, os pais poderiam demandar o lesante antes do nascimento; simplesmente, enquanto a criança estiver *in útero*, será muito difícil não determinar a causalidade e o montante dos danos. Em segundo lugar, o autor sublinha que o nascituro não é uma pessoa independente da mãe, não podendo ser um terceiro numa demanda da mulher contra o médico até nascer.

Carl Wellman labora em vários erros. Desde logo, não faz sentido justificar a condicionalidade do direito com base na ideia de que os pais teriam, assim, direito a uma dupla compensação. Do que se trata é de determinar o fundamento da responsabilidade e não o montante indemnizatório; além do mais, se o filho estiver vivo também existe direito a uma indemnização pelo dano da morte e, eventualmente, direito a uma indemnização dos pais por via do artigo 496º/2 CC. Por outro lado, a dificuldade de prova da causalidade não pode servir como argumento para, *a priori*, afastar um direito à compensação: ele existirá ou não consoante em concreto seja possível estabelecer a imputação objetiva. Por último, o nascituro é, de facto, uma pessoa diferente da sua mãe, com individualidade própria. No quadro do ordenamento jurídico estadunidense, veja-se nesse sentido o precedente *Zepeda v. Zepeda*, consagrando que existe uma *separate injury* assim que há conceção e afastando-se da lição colhida em *Dietrich v. Inhabitants of Northampton* – cf. Carl Wellman. The concept of fetal rights cit., 70 s. Sobre o ponto central desta já longa nota, cf., ainda, Manuel Carneiro da Frada. A protecção juscivil da vida pré-natal. Sobre o estatuto jurídico do embrião cit., 231, admitindo a tutela ressarcitória nas hipóteses de tentativa falhada de aborto. Cremos, porém, que esta hipótese avançada pelo autor levanta um problema do ponto de vista da dogmática civilística. Na verdade, embora com base no circunstancialismo ensaiado pelo insigne civilista não se tenha de enfrentar a dificuldade da restrição teleológica do artigo 66º/2, dado que o nascituro sobrevive, coloca-se o problema de saber como é que se desvela a ilicitude, já que o que se constata é, afinal, a ausência do resultado/lesão. Ainda que, em abstrato, haja a possibilidade de recurso à segunda modalidade de ilicitude (violação de disposições legais de proteção de interesses alheios), não se descortina, em concreto, a existência de uma dessas normas, sobretudo tendo em conta o caráter restritivo com que a figura é, na senda da proposta de Canaris e, entre nós, de Sinde Monteiro, acolhida na doutrina e jurisprudência. Sobre o ponto, cf. Claus-Wilhem Canaris. Schutzgesetze-Verkehrspflichten-Schutzpflichten. *Festschrift für Karl Larenz zum 80*. Geburtstag am 23. April 1983, München, Beck, 1983, 27 s. (tradução disponível em „Norme di protezione, obblighi del traffico, doveri di protezione", *Rivista Critica del Diritto Privato*, Anno, I, n. 3, 1983) e Jorge Sinde Monteiro. *Responsabilidade por conselhos, recomendações ou informações*. Coimbra: Almedina, 1989.

Admitindo expressamente o ressarcimento em caso de aborto, cf. Pedro Pais de Vasconcelos. A posição jurídica do pai na interrupção voluntária da gravidez cit., 401 s.

CAPÍTULO I • A PROTEÇÃO DA VIDA DO NASCITURO   **21**

uma lesão infligida por um terceiro, essa particularidade estrutural não determina uma ponderação judicativa substancialmente diferente quando comparada com uma lesão perpetrada pela própria gestante. Só o justificaria se se reconhecesse um direito ao aborto, titulado pela mãe[30]. Simplesmente, pelo exposto anteriormente, a existir, tal direito implicaria a desqualificação do embrião como pessoa e, concomitantemente, a diferenciação gradativa entre seres humanos: uns que são considerados pessoas; outros a quem esse estatuto é negado. No fundo, implicaria uma evidente violação do princípio normativo do direito enquanto direito, isto é, do fundamento axiológico do ordenamento. Tratar-se-ia de uma lei injusta, no sentido próprio do termo.

É claro que não se poderá equacionar a possibilidade de a mãe exigir a si própria, em nome do menor, uma indemnização. Porém, o sem sentido da hipótese – que parece reforçar a necessidade de tutela penalista do embrião – não impede que, em concreto, possa emergir uma situação em que o pai, que não concordou com a morte do filho[31], possa demandar, em nome deste, a mãe, exigindo-lhe uma

---

30. Na verdade, não é o mesmo – para efeitos de mobilização do quadro jurídico-civilístico – olhar para uma norma de direito penal que consagre situações de não punibilidade de um comportamento, em geral tido como típico e ilícito, e ver nela uma norma em que este nicho dogmático se retrai (por razões de eficácia ou de carência de pena) ou ver nela uma norma atributiva de direitos. Pensemos num exemplo (talvez caricatural) que, afastando-se do núcleo das nossas considerações, nos auxilie no traçar da significativa diferença. Imaginemos que uma norma penal vem estabelecer a não punibilidade da subtração de frutos de estabelecimentos comerciais, quando o furto seja feito com intenção de alimentar os filhos. Se em causa estiver uma simples retração do ordenamento jurídico na sua vertente criminal, então, é possível que, no plano civilístico, o proprietário do estabelecimento comercial demande aquele que furtou, exigindo-lhe uma indemnização ou reivindicando o pagamento correspondente (sempre que seja possível considerar que se celebrou, através de uma declaração concludente, um negócio de compra e venda); se, pelo contrário, se entender que aquela é uma norma atributiva de direitos, então, o comerciante de frutas não poderá reagir mesmo no quadro do direito civil.

31. A este propósito, cf. Pedro Pais de Vasconcelos. A posição jurídica do pai na interrupção voluntária da gravidez cit., 389 s. O autor considera que "o pai pode, em representação do filho, no exercício do poder paternal, pretender defender o direito à vida do filho, o direito a nascer, o direito a não ser morto". Além disso, considera o autor que o pai tem um direito de personalidade à paternidade. No entanto, sustenta que, se isto nos permite qualificar a situação como uma situação jurídica, nem por isso podemos concluir que o silêncio da lei relativamente à posição do pai na questão nos permite falar de uma lacuna. A posição do autor, no tratamento da questão, afigura-se, portanto, marcada por pré-conceitos positivistas no tocante a aspetos metodológicos, mas nem

indemnização pelo dano da morte do nascituro[32]. Aliás, nos termos

> por isso de menor valor. Considerando, ainda, que a posição do pai não é homogénea, sustenta que devemos olhar para o problema diferenciando as diversas situações tipo. Assim, fala de *casos em que é desconhecida a identidade do pai* (p. 396), nos quais não se suscita um problema jurídico, uma vez que "um pai desconhecido é um pai inexistente" e, portanto, "a sua posição jurídica é irrelevante"; *casos de pai violador* (p. 398), ao qual não deve ser reconhecido nem o poder de agir em representação do nascituro, nem o de se opor à interrupção voluntária da gravidez com invocação de um direito à paternidade; *casos de gravidez adolescente e sexualmente imatura* (p. 399), nos quais tem o poder de representação do filho nascituro, desde que não seja menor não emancipado e o de exigir que a sua gestação prossiga até ao parto; *casos em que a mãe é casada com o pai da criança ou vive com ele em união de facto* (p. 400), nos quais o pai pode opor-se à interrupção voluntária da gravidez, invocando a qualidade de representante legal do filho e o direito de personalidade à paternidade. Pedro Pais de Vasconcelos alerta, contudo, que será necessário distinguir a posição que o pai ocupa na situação controvertida: "quando atua em representação legal do filho nascituro, no exercício do poder paternal, a sua posição jurídica deve ser posta em confronto com a da mãe. O poder paternal compete a ambos, pai e mãe, e deve ser exercido no interesse do filho. Mas pode haver divergência entre pai e mãe quanto ao exercício, em concreto, do poder paternal. (…). O artigo 1901º, n. 2, CC prevê que, na falta de acordo, "em questões de particular importância", qualquer dos pais pode recorrer ao tribunal, que tentará a reconciliação, e depois, decidirá no interesse do filho".
>
> Não cremos que se possa falar, numa situação como a da oposição ao aborto, de um conflito entre progenitores (pai e mãe) no exercício do poder paternal, dado que só muito forçadamente se poderá qualificar a decisão da mãe como um ato de exercício do poder paternal. No fundo, a mãe abdica desse poder-dever, desse direito funcional, cabendo ao pai o seu exercício.
>
> No que respeita à atuação em nome próprio, Pedro Pais de Vasconcelos alerta que "no exercício do seu direito de personalidade, o pai não tem de se conciliar com a mãe. Trata-se de exercer um direito próprio que colide com a pretensão da mãe a interromper voluntariamente a gravidez do filho nascituro comum".
>
> Simplesmente, e com toda a razão, o autor aduz que não se trata de um caso de conflito de direitos que possa ser submetido ao artigo 335º CC, já que "para que houvesse colisão de direitos, necessário seria que a mãe tivesse um direito subjetivo a interromper a gravidez (abortar). (…) Porém, o artigo 140º C. Penal não permite essa qualificação". "O direito do pai não pode deixar de prevalecer. Este pode recorrer à justiça e obter do juiz uma intimação da mãe, nos termos do artigo 70º CC, para que se abstenha de interromper a gravidez".
>
> O autor analisa, ainda, as situações em que a *mãe é casada ou vive em união de facto, mas o filho que espera não é do marido* (p. 402 s.)

32. Parece-nos, ainda, que o pai poderá exigir uma indemnização em nome próprio. Consente-o o artigo 496º/2 CC e legitima-o, também, a violação do direito à autodeterminação da paternidade. De facto, se é verdade – como se disse por referência ao poder de autodeterminação da maternidade – que tal direito se exerce a montante, não é menos certo que impedir que o filho concebido venha a nascer implica uma violação da posição jus-subjetiva, integrada no direito geral de personalidade.
Refira-se, igualmente, uma outra nota a este propósito. Pautando-se o direito da família pelo princípio da plena igualdade entre pai e mãe, não faz sentido reduzir a zero o papel do primeiro até ao nascimento do filho. A diferença de tratamento entre os dois

do artigo 1878º/1 CC, "compete aos pais, no interesse dos filhos, velar pela segurança e saúde destes, prover ao seu sustento, dirigir a sua educação, representá-los, ainda que nascituros, e administrar os seus bens".

Isto quer dizer que as responsabilidades parentais se estendem até um momento que antecede o próprio nascimento e que ao pai cabe representá-lo, exercendo os seus direitos de personalidade, mesmo contra a mãe, se necessário for[33].

Refira-se, ademais, que a proteção dos direitos de personalidade – e, portanto, também do direito à vida – não se esgota na tutela ressarcitória. O exercício dos direitos de personalidade do menor pelo progenitor que os vê ameaçados pode implicar o recurso às medidas cautelares/preventivas previstas no artigo 70º/2 CC. Nessa medida, o pai pode, enquanto representante do nascituro e perante

---

progenitores é explicada, comummente, pela relação simbiótica que, até ao corte do cordão umbilical, a mãe mantém com o filho. Veremos, porém, em texto se essa relação simbiótica pode ter relevância a este nível.

Cf., novamente e no mesmo sentido, Pedro Pais de Vasconcelos. A posição jurídica do pai na interrupção voluntária da gravidez cit., 400 s.

33. Carneiro da Frada vê neste dispositivo um argumento para sustentar que o ordenamento jurídico reconhece o estatuto de pessoa ao nascituro e para aduzir, na sequência dessa constatação, que lhe deve ser reconhecida personalidade jurídica. Sobre o ponto e sobre a construção dogmática do autor, a propósito dessa personalidade jurídica, cf. Manuel Carneiro da Frada. A protecção juscivil da vida pré-natal. Sobre o estatuto jurídico do embrião cit., 234, e a exposição que *infra* faremos, em texto.

Sobre a questão da aplicação do artigo 1878º aos nascituros, cf. Rabindranath Capelo de Sousa. *O direito geral de personalidade*, 159, 216. O autor explicita que a alínea d) do n. 1 do artigo 1881º na redação inicial do Código Civil "era expressa em afirmar que cabia ao pai defender e representar o filho nascituro". Mas acrescenta que "cremos que a expressão *ainda que nascituros* do atual n. 1 do artigo 1878º Código Civil, apesar da sua discutível localização, reporta-se não apenas à representação destes pelos pais mas também aos deveres dos progenitores do concebido de velar pela segurança e saúde deste e de prover ao seu sustento, ou seja, à defesa do concebido. Isto por interpretação extensiva, face à própria *ratio* do n. 1 do artigo 1878º do Código Civil, ou por integração de eventual lacuna legal, por elementares razões analógicas. Por outro lado, face ao n. 3 do artigo 1915º do Código Civil, os efeitos de inibição do poder paternal que abranja todos os filhos estendem-se, salvo decisão em contrário, aos nascituros e, ao que parece, tanto concebidos como concepturos. Além disso, parece-nos defensável (…) uma ação de inibição do poder paternal especificamente dirigida à inibição do poder paternal face a filhos concebidos, v.g. por violação dos deveres do artigo 1878º/1 do Código Civil".

Cf., ainda, Rabindranath Capelo de Sousa. *Teoria Geral do Direito Civil*, I cit., 268, n. 664.

a ameaça de lesão da sua vida, requerer as providências adequadas para evitar a consumação da ofensa[34].

A solução que se defende, porém, só poderá ser aceite *qua tale* se não descortinarmos uma qualquer razão que justifique uma diferença estrutural e axiológica entre o comportamento perpetrado por um terceiro e o comportamento perpetrado pela mulher grávida/mãe. Ora, para que o ponto fique esclarecido – e embora se tenha negado liminar e fundadamente a possibilidade de se invocar um direito ao aborto –, importa averiguar se não se pode chamar a depor um qualquer direito que, sendo titulado pela mãe, ampare o tratamento desigual de situações que, *prima facie*, podem ser tidas como análogas.

Neste quadro, invoca-se amiúde o direito ao desenvolvimento da personalidade da mãe[35]. Trata-se, nas palavras de Capelo de Sousa, da "garantia de meios e condições existenciais e convivenciais, tanto naturais como sociais, suficientes para todo o homem se poder desenvolver" e da "salvaguarda do poder de autodeterminação de cada homem e de autoconstituição da sua personalidade individual"[36].

Simplesmente, este direito – com a amplitude que conhece – não pode ser mobilizado como uma justificação para o aborto. Tal

---

34. Referindo-se a essa possibilidade, cf. Manuel Carneiro da Frada. A protecção juscivil da vida pré-natal. Sobre o estatuto jurídico do embrião cit., 231; António Menezes Cordeiro. *Tratado de Direito Civil*, I/III cit., 292; Rabindranath Capelo de Sousa. *Teoria Geral do Direito Civil* cit., 275; Rabindranath Capelo de Sousa. *O direito geral de personalidade* cit., 162.

    Sobre o ponto, cf., igualmente, Dagmar Coester-Waltien. Der Schwangerschaftsabbruch und die Rolle des künftigen Vaters. *Neue Juristische Wochenschrift*, 1985, 2175 s. (também citado por Menezes Cordeiro, António Menezes Cordeiro. *Tratado de Direito Civil*, I/III cit., 292, n.1088), por referência à decisão AG Köln de 15 de Março de 1985. Em causa estava o problema de saber se o poder paternal se estendia ou não ao nascituro e a questão do papel que é reservado ao pai em face da iniciativa da mãe de levar a cabo um aborto. O tribunal acabou por considerar que, porque os pressupostos do aborto deveriam ser apreciados judicialmente, se poderia aceitar a iniciativa processual do pai que procurava travar o ato. Sobre o ponto, cf. o que se disse supra, n. 29.

35. Sobre o direito ao livre desenvolvimento da personalidade, cf., *inter alia*, Rabindranath Capelo de Sousa. *O direito geral de personalidade* cit., 352 s.; Pedro Pais de Vasconcelos. *Direito de personalidade*. Coimbra: Almedina, 2006, 74 s.; Paulo Mota Pinto. O direito ao livre desenvolvimento da personalidade. *Studia Iuridica 40*. Coimbra: Coimbra Ed., 1999.

36. Rabindranath Capelo de Sousa. *O direito geral de personalidade* cit., 352 s. Para outros desenvolvimentos, cf. Mafalda Miranda Barbosa; Tomás Prieto Álvarez. *O Direito ao livre desenvolvimento da personalidade*. Sentido e limites. Gestlegal, 2020.

mobilização não parece ser viável quer no plano abstrato[37], quer no plano concreto. Na verdade, sendo este um direito de personalidade, ele tem um fundamento axiológico imediato que se encontra na dignidade da pessoa humana. Ora, esta pessoa é, como referido anteriormente, um ser livre e responsável. Uma responsabilidade que, sendo indissociável daquela liberdade positivamente perspetivada, envolve o diálogo com o *outro*, pelo qual é responsável e perante o qual é responsável. O aniquilamento *ad nutum* do embrião implicaria a negação da dimensão de responsabilidade que predica a pessoalidade e, com ela, da própria liberdade. No fundo, estar-se-ia diante de um não-direito. De acordo com Pedro Pais de Vasconcelos, o direito ao desenvolvimento da personalidade assenta numa conceção da pessoa em que "o ser humano tem o dom, dado por Deus, de poder determinar a sua própria natureza, de ser autoconstituinte"[38]. Por isso, ele só subsiste, enquanto não colidir com direitos dos outros, a ordem constitucional e a ordem moral. Voltando ao verbo do autor, "quem quiser desenvolver-se e realizar-se com desrespeito pelo outro, seu semelhante, pelos outros que são a sua comunidade, e pelas leis morais (...) será um bruto"[39]. O autor alerta que o direito não pode ser invocado como argumento para o mais radical egoísmo, "postulando a remoção de todos os regimes jurídicos de proteção geral, desde os mais banais, como a obrigatoriedade de uso de capacete nos motociclos e do cinto de segurança no automóvel, até ao direito ao suicídio"[40].

Diríamos, pois, que o direito só subsiste enquanto não chocar com a axiologia fundamentante do próprio reconhecimento do direito, pelo que jamais poderá ser invocado para legitimar a prática abortiva. O exercício do direito ao livre desenvolvimento da personalidade não se pode consubstanciar na morte de um ser humano,

---

37. Relembremos a este propósito as palavras de Paulo Mota Pinto, na declaração de voto anexa ao Acórdão 617/2006 do Tribunal Constitucional. O então conselheiro do Tribunal Constitucional advertia para a necessidade de se densificar o conteúdo do direito, sob pena de ele se converter numa fórmula vazia capaz de tudo justificar. Ou seja, não pode ser a simples invocação do direito a legitimar a prática abortiva no plano geral e abstrato.

38. Pedro Pais de Vasconcelos. *Direitos de personalidade* cit., 75.

39. Pedro Pais de Vasconcelos. *Direitos de personalidade* cit., 75.

40. Pedro Pais de Vasconcelos. *Direitos de personalidade* cit., 76.

abdicando-se do sentido de responsabilidade que predica a pesso-alidade[41]. Acresce que, mesmo que na situação concreta o direito existisse – o que vimos não ser concebível –, ter-se-ia de concluir que ele conflituaria com um direito valorado superiormente na hierarquia axiológica. O direito à vida do nascituro teria de prevalecer, até porque, perspetivando-se aí um conflito de direitos[42], ter-se-ia de

---

41. Esta responsabilidade não se confunde com a *liability*, antes se traduzindo numa *role responsibility*. Cremos, por isso, que falha a análise do problema do aborto levada a cabo por Ann Garry – Ann Garry. Abortion: models of responsibility. *Law and Philosophy*. 2, 1983, 371-296. A autora analisa quatro modelos que procuram justificar a proibição do aborto: *creator, strict liability, fault, contract*. De acordo com o modelo da criação, a mulher é causalmente responsável pela existência do feto; foi ela que o criou pela sua ação, pelo que tem uma especial responsabilidade em relação àquele, tendo de sustentar a sua vida. De acordo com o modelo da *strict liability*, a mulher grávida adotou um comportamento que comporta o risco de gerar uma gravidez; nessa medida, ela deve suportar as consequências de um contacto sexual. A perspetiva da *fault* parte do mesmo pressuposto. Contudo, exige que haja negligência no uso da contraceção. Repare-se que qualquer uma das perspetivas não pode ser acolhida. Como a própria autora – Ann Garry – denuncia (cf. p. 386), não faz sentido introduzir a questão da negligência para este efeito: o feto tem o mesmo valor quer tenha sido concebido devido ao uso negligente de contraceção, quer não tenha havido negligência. Por outro lado, as consequências não podem ser vistas como uma lesão. A lesão é o aborto em si mesmo, só que essa não é a consequência direta do ato. Veja-se, também, na p. 373 a crítica à perspetiva criadora: se alguém cria uma coisa, entre os seus poderes está também a faculdade de a destruir, e, se algumas criações são tão valiosas que não podem/devem ser destruídas, é irrelevante saber quem as criou. A nossa visão sobre o problema não é idêntico ao da autora. Embora reforce a ideia de responsabilidades/obrigações diante do feto, a mundivisão em que se move é díspar. O que aqui queremos vincar é que a responsabilidade de que se fala em texto é de outro tipo – *role responsibility*, só se gerando a responsabilidade/*liability* se aquela responsabilidade edificada a montante for posta em causa.

Uma última nota para sublinhar que também a explicação contratual não colhe, por não ser possível (nem desejável, por razões de ordem axiológica e por razões de ordem dogmática) configurar um contrato entre a mãe e o nascituro (cf. Ann Garry. Abortion: models of responsibility cit., 392 s.).

42. Não cremos que esta colisão exista, pela impossibilidade de sequer se invocar o direito ao desenvolvimento da personalidade.

Um dado importante é distinguir claramente o plano do direito civil do plano do direito penal. Na verdade, a existência de um direito da mãe, mesmo que não prevalecente sobre o direito do filho, pode determinar uma atenuação especial da culpa. Ora, no caso de aborto *ad nutum*, a pedido da mulher, tal não se verifica. Daí as dúvidas que apontámos *supra* à constitucionalidade da solução do ordenamento jurídico português, no artigo 142º C. Penal.

Relativamente ao eventual conflito de direitos, cf., uma vez mais, Pedro Pais de Vasconcelos. A posição jurídica do pai na interrupção voluntária da gravidez cit., 400 s., considerando que não é possível falar de colisão de direitos a este propósito por não ser configurável um direito da mãe à prática de um crime.

CAPÍTULO I • A PROTEÇÃO DA VIDA DO NASCITURO **27**

concluir que a continuação da gravidez até ao nascimento não faria desaparecer o direito da mãe, embora o pudesse contrair, o mesmo não acontecendo por referência ao direito à vida do nascituro, que se esvaneceria por completo e definitivamente.

Por último, importa considerar que a mulher grávida – porque é mãe – tem um especial dever de cuidado em relação ao nascituro. O artigo 1878º CC funciona como o ponto de apoio normativo de tal dever[43], que decorreria igualmente dos princípios gerais. De facto, não está aqui em causa apenas o dever decorrente do vínculo de maternidade que se estabelece, juridicamente, depois do nascimento entre o nado-vivo e a mulher que dá à luz e se antecipa à fase embrionária, mas um dever geral de cuidado em relação ao outro. Ora, as circunstâncias da gestação fazem com que entre mãe e filho se estabeleça uma relação de domínio que aproxima a mulher grávida de um *garante* da incolumidade do filho. Esta perspetiva, aliás, leva a que atualmente se questione da pertinência do chamado *tort of parental malpractice*[44].

Tratar-se-ia de uma hipótese de compensação do filho que nascesse com alguma patologia, em virtude, por exemplo, da recusa de um tratamento médico por parte da mãe ou do consumo de substâncias psicotrópicas. Entre estes casos e as situações de aborto há diferenças assinaláveis, que vão desde a intencionalidade subjetiva subjacente ao comportamento até à própria estrutura da ação, que pode aqui – embora não necessariamente – ser omissiva. Mas não são de molde a justificar que a mulher possa abortar sem qualquer justificação, quando o próprio ordenamento jurídico lhe impõe o dever de proteger o feto. E para explicar a incongruência não serve a posição expendida por Carl Wellman, por referência a uma decisão do *District of Columbia Court*, segundo a qual o direito ao aborto é diverso da obrigação de cuidado em relação ao feto uma vez tomada a decisão de não recurso ao aborto. É que o que fundamenta o dever de cuidado não é a decisão (supostamente) livre da mulher, mas a

---

43. Capelo de Sousa entende que os pais têm, ao abrigo do artigo 1878º/1 CC, um dever de cuidar da segurança e da saúde dos filhos. Funda tal dever quer na responsabilidade pela procriação, quer em razões de solidariedade social e familiar. Cf. Rabindranath Capelo de Sousa. *O direito geral de personalidade* cit., 164.
44. Carl Wellman. The concept of fetal rights cit., 75 s.

presença do *outro*, merecedor de respeito. O que quer dizer que se um ordenamento jurídico vai ao ponto de impor o dever de cuidado contra condutas negligentes, por maioria de razão, não pode deixar de relevar o atentado intencional contra a vida do nascituro[45].

A possível invocação de um direito à liberdade da mulher grávida também não colhe por motivos análogos. Na verdade, a liberdade deixa de fazer sentido se desenraizada da pessoalidade, o que quer dizer que nunca pode ser exercitada se com esse exercício se abdicar do sentido de responsabilidade entendida como uma *role responsibility*, uma esfera de responsabilidade pelo outro. Resta, por isso, analisar o argumento dos autores que falam, a propósito do aborto, de um direito da mulher sobre o seu próprio corpo. Dir-se-ia que, sob o mesmo epíteto, se alojam duas perspetivas diversas: uma que encara o embrião como uma "víscera" do corpo da mãe, sem qualquer

---

45. A questão da indemnização por condutas negligentes da mãe pode suscitar algumas dúvidas.

Sobre o ponto, cf. Rabindranath Capelo de Sousa. *Teoria Geral do Direito Civil* cit., 275 s. e *O direito geral de personalidade* cit., 167. Diz-nos o autor que há limites à tutela da personalidade do nascituro resultantes do "condicionamento natural do concebido em face da sua mãe". Assim, "relativamente aos atos e riscos voluntários assumidos pela mãe grávida, parece-nos que a própria licitude da prática de tais atos e de assunção desses riscos depende (...) da não adequação da sua conduta à produção normal de lesões ou de ameaças de lesões à personalidade física ou moral do concebido, particularmente no que toca à sua vida e integridade física, pois estes são bens jurídicos tutelados, cuja lesão pode inclusivamente acarretar obrigação de indemnizar, caso se verifiquem os pressupostos dessa obrigação. Assim, embora, em princípio, seja lícito à mulher grávida praticar desporto ou fumar em recintos não proibidos no âmbito do seu direito de liberdade, tais práticas deixarão de ser lícitas, face ao direito civil, quando delas, pela sua perigosidade ou reiteração, resultarem normalmente lesões ou ameaças de lesões para a saúde do concebido, de acordo com os atuais conhecimentos médicos".

Cremos, na verdade, que nada obsta, por princípio, haja responsabilidade da mãe numa situação como esta. O problema, em face da dependência quase simbiótica entre o filho e a mãe e da influência direta de todos os comportamentos daquela no desenvolvimento do embrião, está em determinar quando é que existe ilicitude do ato. Tendo em conta que, entre nós, a ilicitude se desvela – em regra – pelo resultado (a lesão do direito subjetivo), haveremos de concluir que o cerne do problema está, portanto, na edificação de um nexo de ilicitude que permita afirmar que a lesão sofrida pelo nascituro pode ser imputada (objetivamente) à mãe. Trata-se, portanto, do problema da chamada *causalidade fundamentadora da responsabilidade*, para a resolução do qual aventámos critérios de solução. Veja-se, para outros desenvolvimentos, Mafalda Miranda Barbosa, *Do nexo de causalidade ao nexo de imputação*. Contributo para a compreensão da natureza binária e personalística do requisito causal ao nível da responsabilidade civil extracontratual. Cascais: Princípia, 2013, cap. VIII e *Responsabilidade civil*: novas perspetivas em matéria de nexo de causalidade. Cascais: Princípia, 2014.

independência em relação à sua progenitora, e que, obviamente, não poderá ser aceite, já que a sua adesão implicaria a obnubilação dos dados ontológicos e axiológicos com que lidamos; uma outra que, embora assuma que o embrião é uma pessoa, sustenta que a mulher grávida tem sobre o seu próprio corpo um *property right*, o que lhe garante o poder de expulsar o embrião, dando-lhe a morte[46]. Alguns autores que invocam a perspetiva olham para a questão como um *samaritanism problem*[47], isto é, apesar de admitirem que o embrião é uma pessoa[48] e independentemente de o aborto implicar uma ação (e não uma omissão)[49], a mulher pode recusar-se a que o nascituro use o seu corpo ou pode pedir a atuação de um terceiro para impedir essa utilização do seu corpo[50]. O conceito de *property right* serve, então, para justificar o papel do terceiro que induz o aborto e para assimilar as hipóteses em apreço às omissões de auxílio[51]. Haveria como que um *direito de propriedade* da mulher sobre o seu corpo e a remoção do embrião justificar-se-ia em termos de recusa de ajuda, porque a sua presença constitui um uso não autorizado do corpo materno. No fundo, reconhecer-se-ia uma liberdade de escolha de não auxiliar o filho. Repare-se, contudo, que a justificação do *bad samaritan*[52] não permitiria justificar o aborto em todas as circunstâncias, mas apenas naquelas de gravidez indesejada (violação, falha de contraceção) ou de perigo para a vida ou a saúde da mãe[53]. A analogia é estabelecida

---

46. Sobre o ponto, cf. Paul A. Roth. Personhood, property rights and the permissibility of abortion. *Law and Philosophy*, 2, 1983, 163-191; Judith Jarvis Thomson. A defense of abortion. *Philosophy & Public Affairs*. v. 1, n. 1, 1971, 47-66; Donald H. Regan. Rewriting Roe v. Wade. *Michigan Law Review*. 77, 1979, 1569-1646.
47. Donald H. Regan. Rewriting Roe v. Wade cit., 1573.
48. Judith Jarvis Thomson. A defense of abortion cit., contudo, no final do seu artigo, afirma que o aborto não implica a morte de uma pessoa se a gravidez for prematura.
49. Donald H. Regan. Rewriting Roe v. Wade cit., 1575 s.
50. Donald H. Regan. Rewriting Roe v. Wade cit., 1575 s.; Paul A. Roth. Personhood, property rights and the permissibility of abortion cit., 167.
51. Paul A. Roth. Personhood, property rights and the permissibility of abortion cit., 167.
52. Veja-se Judith Jarvis Thomson. A defense of abortion cit., falando de um *minimally decent samaritans* e entendendo que o ordenamento jurídico não pode impor à mãe que se comporte como um *good samaritan*.
53. Judith Jarvis Thomson. A defense of abortion cit., 64.
Veja-se, também, Paul A. Roth. Personhood, property rights and the permissibility of abortion cit., 180. Nos casos de violação e de falha de contraceção, o feto é tido como um *trespasser* (intruso). O seu comportamento não é intencional; mas deve ser comparado a uma pessoa que permanece na propriedade alheia.

30 | DIREITO E PESSOA NÃO NASCIDA • Mafalda Miranda Barbosa

com as situações em que a pessoa tem nas suas mãos a possibilidade de salvar a vida de outrem, tendo, para isso, que ficar ligado ao corpo alheio durante um determinado período de tempo[54] e leva os autores a assentir que o direito à vida não é superior ao direito de recusar ajuda, quando esse auxílio implica o uso do próprio corpo por um terceiro[55].

A perspetiva mereceu inúmeras críticas[56]. Na sua base está, inequivocamente, o pensamento de Locke e a influência que este exerceu na construção do liberalismo jusnaturalista americano[57]. A corrente empirista terá determinado que, nos países da *Common Law*, o figurino dos direitos subjetivos fosse outro, quando comparado com aquele a que estamos habituados a lidar, ligando-se aí a liberdade aí à *privacy*, num argumento aliás invocado no precedente *Roe v. Wade*[58]. Nem só, porém, a distância em relação a esta noção de *privacy*[59] nos leva a rejeitar

---

54. Judith Jarvis Thomson. A defense of abortion cit., 58 s.
    Para uma análise do caso exposto por Judith Jarvis Thomson, entre nós, cf. António Menezes Cordeiro. *Tratado de Direito Civil Português*, I/III cit., 269 s.
55. Paul A. Roth. Personhood, property rights and the permissibility of abortion cit., 177. O autor aduz, designadamente, que ninguém pode compelir outrem a doar órgãos, quer sejam regeneráveis, quer não sejam. E, embora no caso do aborto não haja uma doação permanente, isso não releva para o que pretende sustentar.
56. Cf., *inter alia*, John Finnis. The rights and wrongs of abortion: a reply to Judith Thomson. *Philosophy & Public Affairs*. v. 2, n. 2, 1973, 117-145, considerando que a mãe tem um dever de cuidado em relação ao filho, mesmo que este ainda não tenha nascido, e sustentando que, mesmo que se possa falar de um direito de propriedade sobre o próprio corpo, ele não é superior ao direito de propriedade do corpo do filho. Acresce que muitas vezes o ordenamento jurídico impõe ao sujeito um dever de auxílio em relação a terceiros.
57. Sobre o ponto, cf. E. Robert Statham Jr. *The Constitution of Public Philosophy*. Towards a Synthesis of Freedom and Responsibility in Postmodern America, Lanham, New York. Oxford: University Press of America, 1998, 18 s. Afirma-se, aí, que a conceção americana da *rule of law* estava baseada numa visão negativa de liberdade ligada à *privacy*, numa linha orientadora herdeira da noção de propriedade de Locke e do empirismo de Hume.
58. Estabelece abertamente esta dicotomia, ainda hoje condicionante de clivagens discursivas em matérias fraturantes (v.g. o caso do aborto), Jürgen Habermas. *O futuro da natureza humana a caminho de uma eugenia liberal?* Almedina, 2006 (com nota de apresentação de João Carlos Loureiro; tradução de Maria Benedita Bettencourt), posfácio, 119 , ligando a tradição liberal norte americana ao pensamento de Locke.
59. Nos EUA, tem-se invocado, na verdade, não só a ideia de direito sobre o próprio corpo como se tem sublinhado o direito a ser deixado só. Ora, este direito inscreve-se numa noção de privacidade que, alicerçadora dos direitos subjetivos, aponta para o individualismo caracterizador daquele que "pode" recusar o auxílio do outro, mesmo que isso ponha em causa a vida do semelhante.

a visão com que temos vindo a dialogar. Na verdade, não é apenas o afastamento em relação aos fundamentos de edificação dos direitos subjetivos histórico-concretamente situada, mas a clara noção de que o surgimento dos direitos subjetivos como uma esfera de liberdade negativamente exercitada, como limite à interferência do outro (e do outro Estado), não se reflete hoje no modo como compreendemos a categoria. O individualismo liberal que, associado ao jusracionalismo, potenciou a sua conceptualização foi superado e, hodiernamente, embora se possa continuar a defender, em termos definitórios, uma noção voluntarista mitigada do direito subjetivo, não é viável mobilizá-lo para justificar um desdignificante solipsismo do *eu*. Se, como referimos anteriormente, o pilar fundacional do ordenamento jurídico – e do direito subjetivo que se reconhece ou atribui – reside na pessoa, e se esta, adequadamente entendida, se predica no binómio liberdade/responsabilidade, então não poderemos falar de exercício legítimo de um direito quando tal exercício acarreta a desconsideração da personalidade do outro, do respeito e do cuidado que ele granjeia. A mulher grávida não pode rejeitar a responsabilidade em relação ao seu filho, não pode negar-lhe ajuda. Em causa, uma vez mais, estão a especial relação de maternidade e os poderes-deveres que lhe são inerentes, alguns dos quais retroagem a um momento anterior ao nascimento. Em causa está, ainda, o desvalor da recusa do ponto de vista ético-axiológico. Ademais, o argumento de que ninguém tem o dever de salvar outrem não colhe. Em primeiro lugar, não se trata de salvar uma criança, mas de não lhe causar a morte[60]. Em segundo lugar, há determinadas situações em que a pessoa é, de facto, obrigada a auxiliar outrem, sendo responsabilizada por uma eventual omissão. Ora, entre as situações relevantes de omissão estão aquelas em que, fruto de uma relação de domínio e monopólio, alguém surge como o único sujeito capaz de salvaguardar a vida de outrem, assumindo, assim, a posição de garante. Este aspeto, de não pequena importância, mostra, por um lado, que o ordenamento jurídico português se afasta de uma visão individualista estrita que está presente na conceção abortiva atrás explicitada; e, por outro lado, permite-nos concluir que – mesmo que

---

60. Em causa não está tanto o reforço da cisão entre as ações e as omissões, mas a necessidade de vincar que a gestação é um processo natural que faz parte da humanidade, não fazendo sentido falar em "salvar o embrião".

32 | DIREITO E PESSOA NÃO NASCIDA • MAFALDA MIRANDA BARBOSA

de forma global se assumisse como princípio o direito de não salvar outrem – estaríamos, no caso da relação mãe-filho ainda não nascido, no campo da exceção, justificadora da responsabilização da mulher grávida. Em última instância, a contra-argumentação aduzida permite-nos concluir pela inconsistência da teoria norte-americana do *bad samaritan*: na verdade, apesar da desconstrução operada, podemos constatar que não está em causa um salvamento ou a omissão de auxílio, mas a atuação positiva que intencionalmente perpetra a morte.

Em suma, não só não existe um direito ao aborto atribuído por lei, como não se pode invocar outro direito da mulher que consubstanciasse em termos prático-normativos esse mesmo direito. O nascituro é uma pessoa e, como tal, titular do direito à vida; a mulher grávida não tem, na situação de aborto *ad nutum*, qualquer direito. Logo, não só o aborto tem de continuar a ser visto como ilícito no plano civilístico, como não se pode afastar o mecanismo da responsabilidade civil e as providências preventivas previstas no artigo 70º/2 CC[61].

5. A COMPATIBILIZAÇÃO ENTRE A TUTELA CIVILÍSTICA DO NASCITURO E A REGRA CONTIDA NO ARTIGO 66º CC

a) O problema e a controvérsia da doutrina

Do que ficou dito podemos concluir que ao nascituro são reconhecidos direitos de personalidade. Essa simples constatação

---

61. Repare-se, contudo, que estamos a analisar apenas as situações de aborto *ad nutum* e não aquelas que podem ser reconduzidas às situações de perigo de vida da mãe e às restantes alíneas do artigo 142º C. Penal.
Aliás, no tocante à alínea a) e à alínea b), Pedro Pais de Vasconcelos admite que o aborto pode ser "reconduzido mais próximo ou remotamente à legítima defesa da mãe" – cf. Pedro Pais de Vasconcelos. A posição jurídica do pai na interrupção voluntária da gravidez cit., 404. A mesma análise é feita pelo autor relativamente à alínea d). Cremos, contudo, que neste caso a ausência de punibilidade opera, sobretudo, por via da exclusão da culpa. Nesse sentido, António Almeida Costa. Aborto e direito penal cit., 78 s.
Em qualquer destas situações contidas nas alíneas a) a d) do artigo 142º C. Penal a posição do pai surge, de acordo com os ensinamentos de Pedro Pais de Vasconcelos, muito enfraquecida. Já no tocante à alínea e), cuja constitucionalidade é duvidosa, o autor aduz que "neste quadro normativo, pensamos que dificilmente o tribunal poderá desatender a pretensão do pai. (…) Se o tribunal tomar esta decisão, como pensamos que devemos tomar, o pai deve suportar todas despesas inerentes à gravidez, ao parto e subsequentes, deixando a mãe incólume em relação aos mesmos".

impele-nos a problematizar a regra contida no artigo 66º CC. Nos termos do nº1 do citado preceito, a personalidade jurídica, enquanto suscetibilidade para ser titular de direitos e deveres, começa com o nascimento completo e com vida. Simplesmente, se são reconhecidos os direitos de personalidade atrás mencionados[62], coloca-se o problema de compatibilizar as duas ideias-força: se o nascituro é titular de direitos é porque tem suscetibilidade para o ser. Portanto, por que razão se aduz que a personalidade só tem início com o corte do cordão umbilical? As respostas que se oferecem para a questão são variadas e de variada índole.

Alguns autores mostram-se perentórios em afirmar que a personalidade jurídica tem início na conceção[63]. Como nos recorda

---

62. Para além dos direitos de personalidade, o ordenamento jurídico reconhece aos nascituros determinados direitos de natureza patrimonial. Assim, nos termos do 952º CC, os nascituros podem adquirir por doação, não se estabelecendo a diferença entre os nascituros concebidos e os nascituros não concebidos. A inclusão destes últimos no âmbito de relevância do preceito mostra ou, pelo menos, indicia que a intencionalidade da questão diverge consoante nos situemos no âmbito pessoal ou patrimonial. Também o artigo 2033º CC dispõe que os nascituros concebidos têm capacidade sucessória. O nº2 do preceito alarga a capacidade sucessória aos nascituros não concebidos, quando se trate de sucessão testamentária ou de sucessão contratual.

63. Vide, nesse sentido, António Menezes Cordeiro. *Tratado de Direito Civil Português*, I/III cit., 297 s. (considerando que o nascituro tem pelo menos direito à vida, pelo que tem personalidade jurídica, mas defendendo que a capacidade de gozo está sujeita à condição suspensiva do nascimento); Diogo Leite Campos. O início da pessoa humana e a pessoa jurídica cit., 1257-1268; Diogo Leite Campos. Lições de direitos de personalidade. *Separata do Boletim da Faculdade de Direito*, LXVI, 1990, 162 s. (considerando que a personalidade se inicia com a conceção e que a regra contida no artigo 66º/1 CC está ultrapassada); José Oliveira Ascensão. *Direito Civil – Teoria Geral*. Coimbra: Coimbra Ed., 2000, v. I, 50 s.; Pedro Pais de Vasconcelos. *Teoria Geral do Direito Civil* cit., 70 s.; Pedro Pais de Vasconcelos. *Direito de Personalidade* cit., 104 s.; Manuel Carneiro da Frada. A protecção juscivil da vida pré-natal. Sobre o estatuto jurídico do embrião cit., 243 s.; Rabindranath Capelo de Sousa. *O direito geral de personalidade* cit., 156 s. (defendendo uma personalidade jurídica parcial para o nascituro e sustentando que ele é titular de direitos de personalidade, que não lhe podem ser negados. Capelo de Sousa, inclusivamente, sustenta que o artigo 66º/2 CC apenas é aplicável aos direitos de natureza patrimonial, sob pena de sermos conduzidos a situações paradoxais para o direito); Paulo Otero. *Personalidade e identidade pessoal e genética do ser humano*. Coimbra: Almedina, 1999, 34 s.; Gabriel Órfão Gonçalves. Da personalidade jurídica do nascituro. *Revista da Faculdade de Direito de Lisboa*, 533, considerando que o artigo 66º CC foi revogado pelo artigo 24º CRP; Mário Bigotte Chorão. O nascituro e a questão do estatuto do embrião humano no direito português. *Estudos em homenagem ao Professor Doutor Pedro Soares Martinez*, I. Coimbra: Almedina, 2000; Mário Bigotte Chorão. O problema da natureza e tutela jurídica do embrião à luz de uma conceção realista e personalista do direito. *O Direito*, 123, 1991, 584 s.

Pedro Pais de Vasconcelos, o nascituro não é uma simples víscera da mãe, mas um ser humano pleno de dignidade, pelo que haverá de ser reconhecido como pessoa para o direito. Ou seja, o homem, por o ser, é necessariamente titular de direitos, donde não pode deixar de ser reconhecida a personalidade jurídica, porque "não é o texto da lei que permite afirmar ou refutar a personalidade jurídica das pessoas singulares"[64]. Nessa medida, sustenta o civilista, o artigo 66º CC deve ser interpretado no sentido da capacidade jurídica, que deve ser tida como embrionária e condicionada, embora não se possa falar, a este propósito, de uma condição suspensiva, porque tal redundaria na afirmação de direitos sem sujeito. Também Menezes Cordeiro sustenta que o nascituro, porque tem pelo menos direito à vida, tem personalidade jurídica, embora a sua capacidade de gozo esteja sujeita à condição suspensiva do nascimento. O autor é explícito a afirmar que "a ideia de condição legal do nascimento acaba por corresponder à ideia fundamental subjacente ao artigo 66º. Não se trata de associar a personalidade ao nascimento: matéria complexa, em mutação, e para a qual o legislador de 1966, que nem refere o direito à vida, não estava preparado para regular; antes se visa neste preceito a capacidade. A capacidade (de gozo) relativa aos direitos patrimoniais está sujeita à condição suspensiva do nascimento"[65].

A referência explícita aos direitos patrimoniais leva-nos diretamente ao pensamento de Capelo de Sousa. Para o autor, deve ser reconhecida ao nascituro uma personalidade jurídica parcial, que se sustenta na titularidade necessária dos direitos de personalidade e na não aplicação do artigo 66º/2 no que respeita aos direitos de natureza pessoal. O preceito restringir-se-ia, portanto, segundo a interpretação defendida, ao âmbito patrimonial, embora lidasse com a questão da personalidade e não da capacidade[66].

---

64. Pedro Pais de Vasconcelos. *Direito de Personalidade* cit., 116.
65. António Menezes Cordeiro. *Tratado de Direito Civil*, I/III cit., 305.
66. Rabindranath Capelo de Sousa. *O direito geral de personalidade* cit., 156 s. O autor parece apartar, contudo, a questão da tutela da personalidade humana da questão do reconhecimento da personalidade jurídica. Veja-se, a este propósito, *Teoria Geral do Direito Civil*, I cit., 270.
Cf., igualmente, *O direito geral de personalidade* cit, 362, falando de uma personalidade parcial, reduzida, fracionária.

Outra é a proposta interpretativa oferecida por Carneiro da Frada. Para o autor, o reconhecimento da personalidade jurídica a todo o ser humano é uma exigência indeclinável da juridicidade. Posto isto, o artigo 66º/1 "deve ser interpretado tendo (...) em conta a superveniência de uma lacuna (depois da entrada em vigor do código civil) no plano da tutela da vida humana: a lacuna decorrente da necessidade, que os avanços científicos e tecnológicos evidenciaram entretanto, de dotar o sujeito, já desde a fase intra-uterina, de uma proteção capaz da sua vida e integridade física: uma lacuna que, devidamente integrada, sacrificando o menos possível o que possa ter sido o sentido originário pretendido para o artigo 66º/1, implica todavia sempre uma precisão desse preceito que se desvia (possivelmente) daquele sentido inicial. (...). O legislador de 1966 não terá querido responder com o artigo 66º/1 ao problema da tutela do nascituro contra lesões à vida ou à integridade física. Terá pretendido sim introduzir um termo de certeza quanto ao início da personalidade jurídica, pondo do mesmo passo fim a discussões acerca da relevância da viabilidade do recém-nascido (...). Depois da entrada em vigor do Código Civil sobreveio a perceção da conveniência de uma tutela intra-uterina da vida humana mais ampla, a implicar a necessidade de reconhecer a personalidade jurídica ao nascituro muito para além dos casos expressamente previstos pelo legislador"[67].

Assim sendo, continua Carneiro da Frada, "não pode dizer-se que o artigo 66º/1 faça do nascimento uma condição *sine qua non* – ou seja, uma condição absolutamente necessária – da aquisição da personalidade. Na verdade, ao estabelecer que a personalidade se adquire com o nascimento completo e com vida, esse preceito só impõe que o nascimento seja tido como condição suficiente da personalidade"[68].

O autor propõe, então, uma reinterpretação do preceito ao nível probatório. Segundo as suas palavras, descortina "nesse preceito uma norma que diz respeito à verificação da prova do suposto de

---

67. Manuel Carneiro da Frada. A protecção juscivil da vida pré-natal. Sobre o estatuto jurídico do embrião cit., 248 s.
68. Manuel Carneiro da Frada. A protecção juscivil da vida pré-natal. Sobre o estatuto jurídico do embrião cit., 251.

facto subjacente ao reconhecimento da personalidade jurídica – a existência de uma vida humana –, distribuindo o respetivo ónus"[69].

Ou seja, se o artigo 66º/1 fixa o início da personalidade jurídica no momento do nascimento por razões de segurança jurídica, dado o "caráter oculto, extremamente não aparente ou socialmente equívoco do início da vida humana e das suas vicissitudes na fase intra-uterina"[70], então "caso se demonstre que um dado nascituro existia (apesar de não ter ocorrido um nascimento), cessa essa razão que pode, ainda hoje, justificar o artigo 66º/1"[71].

Carneiro da Frada propõe, portanto, uma redução teleológica para o preceito. Esta interpretação, sendo meritória pela imperiosa necessidade de proteção do nascituro no tocante aos seus direitos de personalidade, tem de ser articulada com o artigo 66º/2. Na verdade, o segmento normativo determina que os direitos que a lei reconhece ao nascituro dependem do seu nascimento. Ora, se isto reforça a ideia de que, de facto, os nascituros são titulares de direitos – e como tal sujeitos para o direito –, suscita-se uma dúvida: uma vez provada a existência do nascituro a condição imposta pelo nº 2 do artigo 66º deixa de se aplicar? Do ponto de vista da tutela dos direitos de personalidade, essa é, como vimos, a única solução defensável. Contudo, do ponto de vista patrimonial parece haver razões que justifiquem a restrição ordenada pelo ordenamento jurídico: a necessidade de certeza jurídica no que toca à transmissão de bens e a urgência de evitar retransmissões complexas[72]. Dir-se-á, então, que, estabelecendo – com inversão do ónus da prova – a personalidade jurídica de todo o ser humano desde a conceção, o artigo 66º/1 seria depois complementado pelo artigo 66º/2, que só não se aplicaria aos direitos de natureza pessoal. Mas, a aceitar-se esta visão normativa, ter-se-ia de concluir que, afinal, o que estava em causa ao nível do nº 2 do preceito seria a capacidade de gozo e não a personalidade jurídica. A perspetiva de Carneiro da Frada não distaria, portanto,

---

69. Manuel Carneiro da Frada. A protecção juscivil da vida pré-natal. Sobre o estatuto jurídico do embrião cit., 251.
70. Manuel Carneiro da Frada. A protecção juscivil da vida pré-natal. Sobre o estatuto jurídico do embrião cit., 251.
71. Manuel Carneiro da Frada. A protecção juscivil da vida pré-natal. Sobre o estatuto jurídico do embrião cit., 251.
72. Cf. António Menezes Cordeiro. *Tratado de Direito Civil*, I/III cit., 306.

sobremaneira do que outros autores já tinham proposto, embora com outro caminho de argumentação. No fundo, o que o autor pretende é justificar a ideia de que o nascituro tem personalidade jurídica, que lhe garanta uma ampla proteção, admitindo, porém, que possa haver limitações em matéria de capacidade de gozo[73].

Qualquer das posições expendidas até agora comunga de uma nota personalista. A preocupação cimeira é a proteção do nascituro, interpretando-se as soluções legais à luz da exigência ético-axiológica comunicada pelo estatuto de pessoa que àquele já se reconhece. Trata-se, portanto, de uma visão que contrasta com uma perspetiva mais dogmaticamente cunhada, ancorada na pureza da conceptualização que foi acolhida pela civilística pátria. Diversos autores, sem perderem de vista a necessidade de proteção do nascituro, adotam construções que procuram solucionar o problema em apreciação[74]. Confrontam-se, então, diversas posições para explicar a atribuição de certos direitos aos nascituros não acompanhados do reconhecimento da sua personalidade jurídica.

Uma possível explicação passa pela ideia de retroação da personalidade jurídica. Embora a suscetibilidade para ser titular de direitos

---

73. Admitindo, também, uma capacidade jurídica não plena do nascituro, cf. Karl Larenz; Manfred Wolf. *Allgemeiner Teil des Bürgerlichen Rechts*. 9. Aufl, München: Verlag C. H. Beck, 2004, 125 s.

74. Também no Brasil se articulam diversas teorias no que respeita ao estatuto jurídico do nascituro: uma posição natalista, que sustenta ser o nascimento o momento da aquisição da personalidade jurídica; uma posição concepcionista, que dá relevância ao momento da conceção (Teixeira de Freitas, Nabuco de Araújo, Felício dos Santos); e uma posição condicional, que defende que a personalidade jurídica começa com a conceção, sendo embora uma personalidade condicionada (Clóvis Bevilacqua). Sobre o ponto, cf. Silmara Chinelato. O nascituro no código civil e no direito constituendo. *Revista de Direito Civil, Imobiliário, Agrário e Empresarial – Revista dos Tribunais*, 44, 180 s.; Silmara Chinelato. Estatuto jurídico do nascituro: o direito brasileiro. *Direito e Justiça*. 2008; Francisco Amaral. A condição jurídica do nascituro no direito brasileiro. *Direito e Justiça*, 2008, 114 s. (considerando que, apesar do teor do artigo 2º CC apontar para a conceção natalista, enquanto expressão do predomínio do normativismo formal, uma interpretação do preceito integrada no sistema permite chegar a outra conclusão. Designadamente, importa não esquecer que a constituição reconhece o direito à vida que, inegavelmente, começa na conceção, pelo que o nascimento não é condição para que a personalidade exista, mas apenas para que ela se consolide. Além disso, o código civil reconhece direitos ao nascituro – receber doações, receber bens em sucessão, ser o beneficiário de um contrato a favor de terceiro, ser o beneficiário de um seguro de vida, receber uma prestação de alimentos, ser indemnizado em caso de morte dos progenitores –, o que implica o reconhecimento da personalidade).

só surja com o nascimento, a aptidão retroage até ao momento da conceção. A solução já era defendida na vigência do Código de Seabra por autores como Dias Ferreira[75] e viria a ser acolhida por Dias Marques[76]. Na sua pureza, enquanto o nascimento não ocorresse e, portanto, enquanto não se desse a retroação da personalidade jurídica, seríamos confrontados com direitos sem sujeitos. Esta ideia de direito sem sujeito é, na verdade, mobilizada por muitos autores no quadro em que nos movemos. Haveria, temporariamente, um direito ao qual não corresponderia um sujeito[77]. A tese é proposta também para explicar outras realidades, como o abandono de um título ao portador ou a herança jacente (2046° CC). A problemática da aceitação de direitos sem sujeitos é, por isso, mais ampla do que a discussão acerca da posição jurídica do nascituro[78]. Ela seria compatível com a ideia de uma personalidade jurídica sujeita a uma condição suspensiva. Para certa doutrina não se poderia falar de uma personalidade sujeita a uma condição suspensiva, nem sequer seria perfeitamente concebível a ideia de um direito titulado pelo nascituro. Este não seria titular de direitos, mas de uma mera expectativa[79]. De todo o modo, poderia ser reconhecida ao nascituro uma proteção objetiva[80].

---

75. Dias Ferreira. *Código Civil Portuguez Annotado*, I. 2. ed. Coimbra: Imprensa da Universidade, 1894, 11 s.

76. Dias Marques. *Direito Civil*. Lisboa, 1955, 59 s.

77. Cf. C. A. Mota Pinto, *Teoria Geral do Direito Civil,* 202 s. De notar, porém, que Mota Pinto fala de direitos sem sujeitos em sentido não próprio, preferindo explicar estas situações como estados de vinculação de certos bens, em vista do surgimento futuro de uma pessoa com um direito sobre eles – cf., na obra citada, p. 197 s.;

    João Castro Mendes. *Teoria Geral do Direito Civil*, I. Lisboa: AAFDL, 1978, 105 s.; Luís Carvalho Fernandes. *Teoria Geral do Direito Civil*, I. 3. ed. Lisboa: UCP, 2001, 195 s.

    Para uma crítica da ideia de estados de vinculação de certos bens, cf. Cf. Orlando de Carvalho. *Teoria Geral do Direito Civil*. Coimbra: Centelha, 1981, 85. Diz-nos o autor que, nesse caso, teríamos que admitir uma extinção objetiva do direito, seguida, mais tarde, de uma aquisição originária, o que não deve ser aceite, uma vez que se deve aplicar a estas situações o princípio *nemo plus iuris in allium transfere postest quam ipse habet.*

78. Por exemplo, Capelo de Sousa admite a existência de direitos sem sujeito – uma vez que o direito subjetivo é um poder jurídico diferente do efetivo poder material que se exerce, pelo que se pode admitir a existência transitória de um direito que ainda não foi adquirido, ou seja, ele não é inseparável da sua titularidade atual – mas considera que, no tocante aos nascituros, já se pode falar de uma personalidade jurídica parcial.

79. Cf. Pires de Lima; Antunes Varela. *Código Civil anotado*, I. 4. reimp. Coimbra: Coimbra Ed., 2010, 34. No direito mais antigo, cf. Cabral Moncada. *Lições de Direito Civil*, I. Coimbra, 1932, 253 s.

80. Cf. Henrich Edwald Hörster. *A parte geral do Código Civil Português*. Coimbra: Almedina, 2014 (reimpressão de 1992), 299 s.

b) Tomada de posição

A solução do problema de base com que nos confrontamos não poderá esquecer alguns dados essenciais. Assim e rememorando ideias-chave, importa não esquecer que o embrião e o feto são seres humanos, aos quais não pode, portanto, por razões éticas imperiosas, deixar de ser reconhecido o estatuto de pessoa. É claro que, no plano teórico-conceptual, é possível cindir as duas realidades: o ser humano apresenta-se como uma dimensão ôntico-antropológica; a pessoa afirma-se como uma categoria ética. Contudo, a negação da dignidade que anda associada à última a qualquer ser humano, a adoção de uma lógica gradativa em relação a este ou o estabelecimento de parâmetros aferidores da pessoalidade implicam a desdignificação do homem ou de alguns homens, com todos os perigos que lhe andam associados. Aliás, as experiências históricas que protagonizaram tal cisão acabaram por demonstrar à saciedade o risco da índole de pensamento que se denuncia.

O ordenamento jurídico português – como qualquer ordenamento jurídico que o seja verdadeiramente – reconhece a personalidade humana do nascituro e dispensa-lhe a adequada tutela. Como referido anteriormente, o nascituro é protegido nos seus direitos de personalidade, abrindo-se as portas a pretensões indemnizatórias em casos de atentado à vida e à integridade física[81]; os pais – enquanto titulares das responsabilidades parentais – representam o filho mesmo que ainda não tenha nascido; o pai pode perfilhar o nascituro, desde

---

81. Veja-se, quanto ao ponto, Rabindranath Capelo de Sousa. *O direito geral de personalidade* CIT., 161 s., referindo-se ao conteúdo do bem juridicamente tutelado da personalidade do nascituro concebido. Diz-nos o autor que "é (…) o conjunto representado pelo ser do nascituro concebido que merece integral proteção da lei, independentemente de também se configurarem tutelas especiais sobre alguns dos elementos ou manifestações da personalidade do concebido".

Rabindranath Capelo de Sousa considera que é tutelável a vida do nascituro. Note-se que o autor sustenta que não haverá responsabilidade nos casos taxativamente admitidos de interrupção de gravidez fundados em indicação legal. Importa, contudo, sublinhar que defendemos – contrariamente ao que sustenta o autor (mas com a consciência de que o mesmo não se pronunciou sobre uma solução de prazos, como a que está consagrada no nosso código penal, a qual, aliás, considera inconstitucional) – o direito à indemnização mesmo nos casos em que o aborto praticado ao abrigo da hipótese de aborto *ad nutum*, admitido na lei penal. Capelo de Sousa integra, ainda, na tutela do nascituro a integridade física; a personalidade moral (devendo ser indemnizadas as ofensas decorrentes de injúrias e difamações ao nascituro).

que cumpridos os requisitos do artigo 1855º CC[82]. Por aqui se denota que o filho não nascido – embora já concebido – não é tratado como um mero objeto, simples bem jurídico ao qual é reconhecida tutela, mas como um verdadeiro sujeito. Repare-se, aliás, que os direitos que são atribuídos ao nascituro concepturo se restringem ao mínimo, não envolvendo as posições subjetivas ativas que reclamam, pela sua própria índole, necessariamente a presença de um sujeito.

O problema com que nos confrontamos passa, por isso, pela compreensão do que é a personalidade jurídica. A este propósito, ensina Orlando de Carvalho[83] que "é porque o homem é precisamente a pessoa (...) que se reconhece como pessoa sob o ponto de vista jurídico e, consequentemente, como sujeito para o direito. Daí que a personalidade humana seja um *prius* da personalidade jurídica do homem (...). A personalidade jurídica não é algo que subsista por si mesmo, mas algo que subsiste apenas enquanto existe uma personalidade humana real. O que implica o repúdio de uma conceção normativista que faz do direito o criador *ex nihilo* da personalidade jurídica, que faz da personalidade jurídica uma pura e simples criação do direito. Não existe personalidade jurídica senão porque existe uma personalidade humana"[84].

Decorrem deste entendimento do autor, que se afasta de um normativismo que coloca a tónica da criação da personalidade jurídica nas mãos do legislador e de um certo concetualismo, uma série de corolários: a essencialidade (a personalidade jurídica é essencial, isto é, supõe a personalidade humana), a indissolubilidade (a personalidade jurídica é indissociável da personalidade humana, ou seja, existe desde que exista esta personalidade), a ilimitabilidade (a personalidade jurídica é tão ilimitada quanto a personalidade humana em que se funda, o que exclui as gradações da personalidade)[85].

---

82. Cf. Rabindranath Capelo de Sousa. *O direito geral de personalidade* cit., 160.
83. Orlando de Carvalho. *Os direitos do homem no direito civil português*. Coimbra: Textos Vertice, 1973, 17 s.
84. Orlando de Carvalho. *Os direitos do homem no direito civil português* cit., 18. Importa, contudo, não esquecer a personalidade coletiva e as diversas teorias que procuram explicar a sua natureza. Relativamente a elas, o autor aduz que são personalidades analógicas, isto é construídas pelo direito, para melhor servir os interesses das pessoas.
85. Orlando de Carvalho. *Os direito do homem no direito civil português* cit., 21, 23.

As palavras do autor merecem-nos dois comentários. Em primeiro lugar, parece que, a partir delas, estamos autorizados a concluir que, porque se reconhece a personalidade humana ao nascituro, o ordenamento jurídico não pode deixar de lhe reconhecer, também, personalidade jurídica. É o resultado da sua indissolubilidade. Contudo, Orlando de Carvalho, a esse propósito, concretiza que a indissolubilidade "supõe tanto a irrecusabilidade da personalidade jurídica (a inadmissibilidade de qualquer forma de escravatura) como a impossibilidade da sua dilação, de não a fazer surgir logo que se dê o nascimento"[86].

Cremos, contudo, que estamos autorizados a chegar à conclusão que avançámos. Na verdade – a ser correto, como julgamos ser, o entendimento do autor, segundo o qual o reconhecimento (e não atribuição) da personalidade jurídica aos seres humanos surge como uma exigência da própria dignidade da pessoa –, então, a referência ao nascimento neste contexto só se pode justificar por um preconceito relativamente ao nascituro, que, como sublinhado anteriormente, não partilhamos. Podemos, portanto, concluir que o nascituro é pessoa e, como tal, deve ser pessoa para o direito. Aliás, ele pode ser (e é) titular de direitos, donde, obviamente, terá suscetibilidade (*em abstrato*) para ser um centro autónomo de imputação de relações jurídicas.

Ora, se assim é, e com isso passamos ao segundo comentário anunciado, então a referência ao nascimento como marco temporal essencial para a aquisição da personalidade jurídica há-de ser explicada ou por uma prisão a um pensamento de índole formal e conceptual herdado do mundo germânico e contaminado com uma nem sempre clara cisão entre esta personalidade jurídica e a capacidade, ou por uma qualquer *ratio* que permita fundar a solução.

Analisemos as duas vias de explicação. O nascimento assume, neste quadro, relevância fundamental. Isto não quer dizer que a criança que nasce seja ontologicamente outro ser. Pelo contrário, o ser humano está em permanente evolução e a passagem da fase embrionária e fetal para a vida nascida configura, apenas, um marco desse *continuum* evolutivo. A este propósito, Pedro Pais de Vascon-

---

86. Orlando de Carvalho. *Os direito do homem no direito civil português* cit., 22.

celos avança que "na fase pré-natal, a situação da pessoa tem duas características especialmente marcantes: o relacionamento pessoal exclusivo com a mãe e a precariedade. O relacionamento pessoal exclusivo com a mãe, com a concomitante ausência de relacionamento social, dispensa muito da complexidade e riqueza do estatuto jurídico das pessoas já nascidas; a precariedade da pessoa pré-nascida suscita a necessidade de regular os casos em que não chega a haver nascimento com vida. A limitação do relacionamento com a mãe impede a capacidade de exercício e dispensa a própria capacidade de gozo, salvo em matérias que são inerentes à própria qualidade de pessoa, como os direitos de personalidade e alguns limitados direitos de conteúdo patrimonial"[87].

No fundo, a situação particular em que o nascituro se encontra determina a falta de necessidade de uma ampla titularidade de direitos, com exceção dos que se encontram incindivelmente ligados à personalidade humana. Ora, relembrando Orlando de Carvalho, "a personalidade humana é o *cur*, o *quando* e o *quantum* da personalidade jurídica"[88]. Quer isto dizer – e ainda de acordo com os ensinamentos do autor – que "não existe personalidade jurídica senão até ao ponto – mas verdadeiramente até ao ponto – que o exija a personalidade humana"[89].

No que respeita à construção dogmática da personalidade jurídica, importa não esquecer a ampla influência que a sistemática civilística portuguesa sofreu da pandectística alemã. O homem surge, aí, como sujeito de relações jurídicas e, portanto, como um dos elementos da relação jurídica. Do ponto de vista jurídico, a introdução do conceito de pessoa enquanto conceito técnico-operativo só ocorreu no período do jusracionalismo iluminista[90]. E se a ligação à pessoa e à sua natureza era afirmada[91] com clareza, não é menos certo que o formalismo próprio da jurisprudência dos conceitos, fruto da degenerescência da Escola Histórica e da Pandectística, acaba por condenar o jurista a uma visão tecnicista da categoria.

---

87. Pedro Pais de Vasconcelos. *Direito de Personalidade* cit., 108.
88. Orlando de Carvalho. *Os direito do homem no direito civil português* cit., 19.
89. Orlando de Carvalho. *Os direito do homem no direito civil português* cit., 19.
90. Cf. Diogo Costa Gonçalves. Início da personalidade jurídica e a capacidade jurídica parcial. *Revista de Direito Civil*, 2018/III, 583 s.
91. Cf. Windscheid; Kipp. *Lehrbuch des Pandektenrechts*, I, 9. Auflage, 1984, 220 s.

CAPÍTULO I • A PROTEÇÃO DA VIDA DO NASCITURO **43**

Partindo-se de uma nem sempre clara distinção entre a personalidade jurídica e a capacidade jurídica[92], a dicotomia seria afirmada inicialmente, entre nós, por Guilherme Moreira[93], e antecipada, na Alemanha, pela distância que separava o § 1º AktG de 1937 do § 11º InsO[94]. Assim, enquanto a capacidade era reconduzida à susceptibilidade da vontade, a personalidade resultava de um atributo da própria pessoa[95].

Simplesmente, se o jusracionalismo ainda permitia a ligação à dignidade do ser humano, embora, à época, entendido como indivíduo, a evolução posterior do pensamento jurídico haveria de transformar os conceitos em meras categorias formais técnico-operativas.

Não se estranha que assim tivesse sido. No século XIX, deparamo-nos com a influência da Escola Histórica do Direito, que se opõe radicalmente ao racionalismo moderno-iluminista, afirmando o caráter histórico de todo o direito, donde aliás recebe o seu nome[96], e donde se justifica o repúdio pela codificação[97]. De facto, se todo o direito era o resultado do espírito dos povos e tinha, por isso, um carácter eminentemente histórico, é razoável que os juristas da Escola Histórica se opusessem à ideia da plena titularidade do direito pelo legislador, tendo ficado célebre a controvérsia entre Savigny e

---

92. Cf. A. Menezes Cordeiro. *Tratado de Direito Civil*, IV. 5. Ed. com a colaboração de A. Barreto Menezes Cordeiro, 2019, 371. Veja-se, ainda, num acesso direto às fontes Manuel de Andrade. *Teoria Geral da Relação Jurídica*, I. Coimbra, 1992 (reimpressão), 30 s.

93. G. Moreira. *Instituições do Direito Civil Português*, I. Parte Geral. Coimbra: Imprensa da Universidade1907, 169 s.

94. Cf. Diogo Costa Gonçalves. Personalidade vs. Capacidade jurídica – um regresso ao monismo conceptual? *Revista da Ordem dos Advogados*, 75, 1, 2015, 126.

95. Novamente, A. Menezes Cordeiro. *Tratado de Direito Civil*, IV cit., 371 s.

96. Sobre as influências que a Escola Histórica e os autores que nela se inscrevem receberam, veja-se, por todos, e para mais desenvolvimentos, Castanheira Neves. Escola Histórica do Direito. *Digesta, Escritos acerca do direito, do pensamento jurídico, da sua metodologia e outros*. Coimbra: Coimbra Ed., 1995, v. II, 203 s., e Dufour. Rationnel et irrationnel dans l'école du droit historique. *Archives de Philosophie du Droit*, 23, 1978, 147 s.

97. Para Savigny, "a história de um povo não é apenas uma coleção de exemplos ético--políticos", mas "cada época é a continuação e o desenvolvimento de todos os tempos passados". "A história não é uma mera coleção de exemplos, mas o único caminho para o conhecimento verdadeiro da nossa própria situação". Mais concretamente a propósito do direito, Savigny afirma que "o direito tem um caráter determinado, peculiar ao respetivo povo, tal como a língua, os seus costumes e a sua constituição", pelo que "o direito vive, tal como a língua, na consciência comum do povo" – *Über den Zweck*, apud Castanheira Neves, "Escola Histórica do Direito", 207 e 208.

Thibaut, responsável pela proposta para a codificação do direito civil alemão e representante do jusracionalismo tardio, em 1814. Enquanto este defende a promulgação de um código, Savigny afirma que a codificação só é pensável em épocas muito favoráveis. Mas, embora a Escola História tenha surgido para combater o legalismo francês, não deixou de ser um importante fator de emergência do positivismo jurídico. O direito era algo pressuposto, ainda que não fosse imposto pelo legislador. O jurista limitava-se a descobrir esse direito na história de cada povo, nas instituições culturais que tinham surgido ao longo dos tempos. E fazia-o utilizando a racionalidade axiomática do seu tempo, pelo que rapidamente a Escola História caminhou para o conceptualismo. Ademais, podemos dizer, sem correr o risco de incompreender a proposta desta corrente alemã, que ela acabou por cair numa contradição em face do seu projeto inicial. O direito era o produto do espírito dos povos. Tinha inegavelmente um caráter histórico. E tinha um forte pendor nacionalista – o direito seria função das peculiaridades próprias de cada povo, razão que levou os autores desta Escola a recusarem a ideia de um direito natural, permanente no espaço e no tempo. No entanto, perante o dualismo de posições que nasceu no seio da Escola – a posição romanista e a posição germanista[98] –, foi a primeira que triunfou e influenciou significativamente o pensamento jurídico europeu, o que quer dizer que afirmou o direito como o resultado do espírito de um povo, mas acabou por construir um sistema de direito independentemente da consciência coletiva desse povo, com base no direito romano. Assim se chega à Pandectística, cujo objetivo era o de reunir o jurídico num sistema completo e abstrato. E com isto retorna-se ao positivismo, não o positivismo legalista tipicamente francês, mas um positivismo científico, que comungava com aquele a crença na possibilidade de se edificar um sistema de direito onde se encontrasse resposta para todos os problemas jurídicos. Como salienta Pinto Bronze[99], "Savigny,

---

98. A corrente romanista procurou transformar num sistema acabado o direito romano aplicável na Alemanha; a corrente germanista procurou edificar, em áreas diferentes das ocupadas pelos romanistas, um sistema de direito alemão alicerçado na investigação das raízes tradicionais. Veja-se, sobre este ponto, Almeida Costa. *História do Direito Português*. 2. ed. Coimbra: Almedina, 1996, 348 s.

99. Pinto Bronze. *Lições de Introdução ao Direito*. 3. ed. Coimbra: Gestlegal, 2019, 327 s. (p. 315 s., 2. ed. Coimbra: Coimbra Ed., 2006).

influenciado neste particular pelo pensamento kantiano, ao querer converter o histórico numa dogmática coerente que servisse de base à ideia de sistema, acabou por pensar este sistema como um conjunto de estruturas que subsistiriam naquilo que dogmaticamente se mantinha; abstraiu assim da contingência histórica, pois a verdade não estava no empiricamente variável, mas na estrutura que permanecia. Ou, de outro modo: a dimensão histórica tinha, para Savigny, a ver com os textos, basicamente de Direito Romano; por seu turno, a dimensão dogmática consistia na conversão desses dados históricos num sistema de instituições jurídicas racionalmente pensadas (...) em vez do histórico, Savigny preferiu, afinal, o a-histórico (...) isto porque o que se pretendia era atingir a kantiana racionalidade sistemático-dogmática – nota esta determinante para se compreender a dissolução da EH na "jurisprudência dos conceitos"".

O pensamento kantiano exerceu, portanto, uma influência determinante em Savigny e isso culminou na transformação de um pensamento que se pretendia histórico num pensamento puramente racional. O direito converte-se num sistema conceitual e abstrato e a Escola Histórica acaba por se vir a encontrar com a Escola da Exegese na sua projeção metódica. De facto, para o conceitualismo alemão, o direito acaba por ser reduzido a um conjunto de conceitos sistematicamente construídos que se aplicariam lógica e dedutivamente aos casos concretos. A objetividade do pensamento jurídico acabaria por dominar os autores da Escola Histórica (nas suas sucessivas degenerescências na Pandectística e na Jurisprudência dos Conceitos). A certeza e a segurança do direito acabariam por triunfar no quadro axiológico proposto por esta corrente.

A partir de uma interpretação de tipo hermenêutico retirar-se--iam das normas os conceitos, que auxiliaram a posterior subsunção. E se a formulação doutrinal inicial (v.g. do direito subjetivo) se deve a Savigny[100], outros autores posteriores, como Puchta, haveriam de desenvolver mais sistematicamente o método. Puchta, de facto, fiel ao sistematismo dogmático, foi o responsável pela elaboração, segundo as regras da lógica formal, de uma pirâmide de conceitos

---

100. Cf. Friedrich von Savigny. *System des heutigen römanischen Rechts*, I, § 4 (veja-se, ainda, a tradução Savigny. *Traité de Droit Romain*, Frimin Didot Frères. Paris, 1841, 327-328).

("genealogia dos conceitos"), que, encabeçada por um supremo, permitia a dedução de todos os outros[101]. Como esclarece Larenz, urgia que aquele tivesse algum conteúdo que, não podendo resultar dos conceitos inferiores, foi colhido na filosofia do direito e no conceito kantiano de liberdade, pelo que, segundo o autor, verdadeiramente não se poderia, ainda, acusar o jurista alemão de ser cultor de um positivismo estrito[102]. Acontece que, à medida que se ia descendo na pirâmide conceptual, o fundamento ético em que a mesma assentava ia-se rarefazendo progressivamente, "a tal ponto que vem a tornar-se, em último termo, irreconhecível"[103].

Estava, portanto, aberta a porta ao formalismo, que triunfaria definitivamente com o pensamento de Windscheid, o "último sistematizador do Direito Comum"[104], que se mantém fiel a Puchta na estrutura da pirâmide conceptual idealizada e na identificação neutral das normas que garantissem o ajuizamento das condutas humanas.

É este pensamento, dominado pelo formalismo, que está na base das categorias que alicerçam tradicionalmente a sistematização da Teoria Geral do Direito Civil, entre as quais avulta a relação jurídica e, dentro dos seus elementos, a de sujeitos da relação jurídica, a implicar a personalidade. A centralidade do direito já não residiria no ser humano, mas nos próprios conceitos[105].

Desta forma, a personalidade jurídica, despida de qualquer sentido ético-axiológico que a predicasse, surgia como a suscetibilidade para se ser, em abstrato, titular de direitos e de obrigações, sem qualquer preocupação explicativa acerca da precedência lógica e axiológica entre os dois termos da categoria, isto é, sem se indagar

---

101. Karl Larenz. *Metodologia da ciência do direito*. 3. ed. Lisboa: Fundação Calouste Gulbenkian, 1997, 25.
102. Karl Larenz, *Metodologia*... cit., 26, nota 8.
103. Karl Larenz. *Metodologia*... cit., 25. Larenz esclarece, ainda, que "a maneira como ele [Puchta] constrói os conceitos ulteriores, ou seja, o processo lógico-dedutivo, deriva não da filosofia idealista, designadamente da hegeliana, mas (...) do racionalismo do século XVIII, em especial do pensamento de Christian Wolff".
    No mesmo sentido, Wieacker. *História do direito privado moderno* (que, aliás, Larenz cita, embora na versão original, 373 s).
104. A expressão é de Larenz. *Metodologia*... cit., 34.
105. M. Carneiro da Frada. Tutela da personalidade e dano existencial. *A evolução do Direito no século XXI* – Estudos em homenagem ao Professor Arnoldo Wald. Coimbra: Almedina, 2007, 373.

se a titularidade dos direitos, uma vez constatada, determinava o reconhecimento da personalidade jurídica ou se esta, impondo-se no seu reconhecimento ao próprio legislador, implicava o igual reconhecimento de um núcleo mínimo de direitos na titularidade de certos entes.

No quadro conceptual, neutral e formalista que muito rapidamente procurámos traçar, poderia ser sujeito da relação jurídica todo aquele a quem a norma atribuísse tal estatuto. O homem, reduzido em certa medida a um mero elemento da relação, era colocado lado a lado com outros entes, como as pessoas coletivas[106].

Simplesmente, se este tendencial formalismo pode ser denunciado, não menos seguro é que, na interpretação que se faça dos preceitos, não devemos ficar presos à vontade do legislador histórico. Mais do que não dever, não podemos, uma vez que a norma é agora entendida como uma norma-problema e não como um texto. Quer isto dizer que a norma vai ser interpretada na dupla transcendência dos princípios em que se louva e do caso concreto – com a sua intencionalidade problemática – que o convoca. Perante uma situação particular em que um dos bens da personalidade do nascituro está a ser lesado, olhamos para o artigo 66º/1 CC e percebemos que, porque a ideia de personalidade jurídica deve ser compreendida à luz das exigências de sentido da ideia de personalidade humana, de pessoa, com a sua dignidade, se impõe a afirmação da personalidade jurídica do embrião ou do feto. É que, aí, nessa situação particular, ela é reclamada pela própria personalidade humana, tornando-se necessária. Com o que se opera, portanto, uma redução teleológica do preceito. A *ratio* da norma – a desnecessidade de reconhecimento da personalidade jurídica – deixa de se cumprir, pelo que se deve passar a reconhecer a qualidade ao nascituro. E, também e obviamente, o artigo 66º/2 CC não se aplicará – pela mesma ordem de razões – aos direitos de natureza pessoal.

Assim, cindimos a personalidade jurídica da personalidade humana: a primeira é um conceito técnico-operativo; a segunda é um conceito axiológico. Admitimos, portanto, que haja limitações

---

106. Para uma crítica da perspetiva, cf. Orlando de Carvalho. *A teoria geral da relação jurídica* cit., 73 s.

da personalidade jurídica, quando comparada com a personalidade humana, ditadas pelas características específicas da pessoalidade concretamente em causa. Contudo, porque a interpretação do conceito operativo não pode deixar de se orientar pelo sentido ético-axiológico fundamentante, deixará de haver qualquer limitação sempre que a proteção da pessoa seja reclamada em concreto. Portanto, no caso de agressão ou ameaça de agressão aos direitos de personalidade do nascituro, afirmar-se-á, sem hesitação, a personalidade jurídica daquele[107].

Em suma, a personalidade jurídica é – numa posição de recusa do normativismo – reconhecida e não atribuída às pessoas singulares. Traduzindo-se na suscetibilidade de se ser titular de direitos e de deveres, o facto de haver determinados direitos que são incindíveis do estatuto da pessoa (isto é, que existe onde e quando existir a pessoa) implica, necessariamente, que ao nascituro seja reconhecida a personalidade jurídica. Esta é, portanto, uma decorrência da dignidade da pessoa humana. E não se invoque, contra esta ideia, o poder conformador da normatividade do legislador, porque a própria norma há de ser interpretada na remissão para os princípios fundamentais e fundamentantes. Porém, poderá haver razões para dar um relevo especial ao nascimento, remetendo para esse marco o início da personalidade jurídica. É que a personalidade jurídica, não se confundindo com a personalidade humana (embora seja por ela reclamada), só existe na medida do necessário – a personalidade humana fixa, como ensina Orlando de Carvalho, o *cur,* o *quando* e o *quantum* da personalidade jurídica. Ora, as características peculiares da pessoa na sua fase embrionária podem determinar a falta de necessidade dessa personalidade jurídica. Por isso, não se aplicará o artigo 66°/1 e 2, quando esteja em causa a urgência de salvaguardar a vida ou a integridade física do nascituro – nesse caso, a personalidade jurídica antecipa-se[108].

---

107. Rememore-se, a este propósito, o brocardo *infans conceptus pro viato habetur, quoties e commodis ejus agitur* (a criança concebida tem-se por nascida sempre que seja vantajoso para ela).

108. A nossa solução, embora apresente alguns pontos de contacto com a lição de Carneiro da Frada, afasta-se dos ensinamentos do autor, no que toca à questão metodológica e no que toca ao fundamento da redução teleológica operada. Sobre a lição de Carneiro da Frada, v. o que ficou inscrito supra.

O que assim fica dito requer, não obstante, alguns esclarecimentos adicionais. É que, antecipando-se a personalidade jurídica nestas situações, antecipa-se também a capacidade de gozo de direitos, que, no caso dos nascituros, não será plena, mas limitada à medida do necessário para salvaguardar os bens jurídicos essenciais a que nos referimos.

Pergunta-se, então, por que razão não se afirma que o nascituro tem personalidade jurídica e se considera que o artigo 66º/1 diz respeito à capacidade de gozo? Desde logo, importa considerar que, ainda que o artigo 66º CC fosse interpretado no sentido de prever uma regra respeitante à capacidade de gozo de direitos, a redução teleológica explicitada anteriormente teria de ser operada, uma vez que é a capacidade de gozo que concretizará a esfera de direitos que o nascituro pode titular. Ou seja, de nada adiantaria reconhecer-se a personalidade jurídica se depois ela não fosse acompanhada da capacidade de gozo.

Posto isto, podemos pensar que, porque a personalidade jurídica é um conceito absoluto e só a capacidade de gozo é suscetível de conhecer restrições, seria mais consentâneo com os dados sistemáticos e dogmáticos, a colocação do problema em termos de capacidade. A solução não seria, porém, em termos prático-normativos, diversa daquela que se orienta pela personalidade jurídica.

A personalidade jurídica surge, na arquitetura do nosso Código Civil, como um conceito operativo. As pessoas singulares são colocadas – embora por diferentes razões – no mesmo plano das pessoas coletivas. No entanto, a natureza de uma e outra são díspares, embora unificadas num conceito idêntico. Isto quer dizer a montante da personalidade jurídica existe uma outra realidade com cunho ético-axiológico: a pessoalidade ou personalidade humana. É esta que impõe uma ideia de suscetibilidade para se ser titular de direitos. A personalidade jurídica reclamada pelo estatuto e dignidade da pessoa

---

Note-se, ademais, que a nossa solução nos parece mais consentânea com a necessidade de proteção do nascituro e com o que é exigido pelo sentido ético-axiológico da pessoalidade que se lhe reconhece. Na verdade, colocar o problema do ponto de vista da capacidade de gozo pouco nos adianta, se não operarmos a redução teleológica do artigo 66º, uma vez que será essa capacidade de gozo que concretizará a esfera de direitos que o nascituro pode titular. Esta referência à capacidade de gozo não esconde, porém, a necessidade de tecer mais alguns esclarecimentos em texto.

verter-se-ia, depois, numa ideia de subjetividade jurídica. Esta seria embrionária no caso dos nascituros, exatamente pelas características próprias da sua pessoalidade. Portanto, o artigo 66º CC referir-se-ia à personalidade jurídica, nessa vertente de subjetividade jurídica. Aquela existiria, porque o nascituro é pessoa. A titularidade dos direitos ficaria dependente do nascimento, com exceção daqueles que efetivamente fossem imprescindíveis para assegurar a incolumidade do nascituro, até porque a personalidade jurídica é mais ampla do que essa subjetividade[109].

Esta parece ser a solução mais consentânea com a intencionalidade da disciplina codicística. Em primeiro lugar, a articulação entre o artigo 66º e 67º CC permite-se concluir que se distingue, claramente, a personalidade jurídica da capacidade de gozo, não se autorizando, portanto, a leitura simbiótica proposta por alguns autores. Em segundo lugar, se se considerasse que os nascituros tinham amplamente personalidade jurídica (nessa vertente de subjetividade jurídica referida), estando em causa uma questão de capacidade de gozo, condicionada ao nascimento no caso dos direitos de natureza patrimonial, seríamos forçados a concluir que, porque se atribuem

---

109. Cf. Orlando de Carvalho. *Teoria Geral do Direito Civil* cit., 81 s. Os ensinamentos do autor são a este nível fundamentais, razão pela qual rememoramos as suas palavras: "a personalidade jurídica é a projeção no direito (no mundo do normativo jurídico) da personalidade humana (...). A personalidade traduz-se, em ordem ao mundo das relações jurídicas, em subjetividade jurídica, que é a qualidade de quem é sujeito de direito, ou seja, de quem tem a suscetibilidade abstrata de ser titular de direitos e de deveres, de ser sujeito de relações jurídicas, de ser sujeito de direitos. Se a personalidade jurídica, como projeção da personalidade humana, constitui juridicamente um *esse*, a subjetividade jurídica constitui um *posse*. Posse abstrato: não se refere a poder-se ser concretamente titular do direito a ou b, mas a poder-se ser abstratamente titular de direitos e obrigações. Nisso se distingue da capacidade jurídica (...) que é um *posse* concreto, relativo a direitos concretos. A subjetividade jurídica é uma qualidade diretamente dependente da personalidade jurídica, não dependente dos direitos e dos deveres que se reconhecem ao indivíduo em questão (sendo, por isso mesmo, algo de não quantificável, algo que ou se tem ou não se tem, mas que não se poder ter mais ou menos, em maior ou menor medida). Todavia, é um *posse* necessário: ninguém é verdadeiramente pessoa jurídica se não tiver a suscetibilidade abstrata de ser titular de direitos e deveres, se não tiver o estatuto permanente de sujeito de direito. O que não significa que a personalidade jurídica se esgote nessa suscetibilidade necessária que é a subjetividade jurídica, que o esse se resuma a esse posse: a personalidade jurídica é, para o direito, não só um centro de decisão e um centro de imputação – papel que lhe é garantido com a subjetividade jurídica –, mas também um objeto de proteção, que não tutela essa subjetividade pura e simples (e que a subjetividade pode inclusivamente comprometer, pois não defende a personalidade contra o seu próprio arbítrio).

CAPÍTULO I • A PROTEÇÃO DA VIDA DO NASCITURO **51**

direitos aos nascituros concepturos, também estes teriam personalidade jurídica, o que, de facto, não se justifica.

Também Orlando de Carvalho, a propósito do problema jurídico dos nascituros, propõe um entendimento que "ultrapassa o simples quadro dos direitos patrimoniais dos nascituros e acaba com a equiparação entre concebidos e não concebidos"[110]. Depois de o anunciar, refere o autor que "se nos fixarmos no quadro dos simples direitos patrimoniais – desses poucos e não necessários direitos patrimoniais dos nascituros –, é claro que não teremos senão núcleos de interesses na previsão de um sujeito jurídico inexistente: núcleos de interesses para cuja tutela se pode utilizar perfeitamente o direito subjetivo visto com mecanismo de tutela jurídica (…)"[111]. Os direitos encontrar-se-iam, então, "numa situação de quiescência, aguardando a verificação da previsão – o que não significa que não exista ou se reduzam a meros estados de vinculação de certos bens, pois esta ideia parece ser desmentida pela necessidade de se reconhecer aqui a existência de uma aquisição derivada"[112].

Nessa medida, Orlando de Carvalho sustenta que os direitos dos nascituros são direitos, "embora sem uma personalidade que os ostente (mas um centro de imputação, um património)"[113].

Contudo, no que toca aos nascituros já concebidos adverte que "não são um nada humano, são já um embrião, uma firmada *spea vitae*. A personalidade humana não surge no nascimento *ex abrupto*: surge como termo de um processo biológico – há uma formação progressiva da personalidade (…). A tutela jurídica do embrião leva ao reconhecimento de direitos pessoais irredutíveis à mera ideia de um património autónomo (…). Há que repor, para os nascituros concebidos, a ideia clássica de que (…) a personalidade jurídica que lhes advirá pelo nascimento é à medida da respetiva personalidade humana, considerando-se como tutela dessa personalidade, como direitos dessa personalidade, os direitos respeitantes à defesa do indivíduo na fase meramente intra-uterina (…). Nesta ordem de ideias, se a personalidade jurídica só surge com o nascimento, deve

---

110. Orlando de Carvalho. *Teoria Geral do Direito Civil* cit., 85.
111. Orlando de Carvalho. *Teoria Geral do Direito Civil* cit., 85.
112. Orlando de Carvalho. *Teoria Geral do Direito Civil* cit., 85.
113. Orlando de Carvalho. *Teoria Geral do Direito Civil* cit., 85.

considerar-se como integrando toda a tutela do indivíduo a partir do momento da conceção"[114].

As palavras de Orlando de Carvalho iluminam-nos na solução que procuramos encontrar para a aparente dificuldade conciliatória entre a norma legal e os princípios em que a mesma se deve louvar. Embora não aderindo *in totu* à formulação do autor, não deixamos louvar a separação analítica entre o domínio patrimonial e o domínio não patrimonial. De acordo com o seu entendimento, a personalidade jurídica (enquanto projeção da personalidade humana no mundo jurídico) é mais ampla do que a subjetividade jurídica que ela implica[115], impondo a tutela do nascituro desde a conceção. Ora, o que defendemos em texto, indo além do que é expressamente admitido por Orlando de Carvalho, é que o nascituro, tendo personalidade jurídica (porque pessoa em sentido ético-axiológico), é titular de determinados direitos que são essenciais à proteção dessa mesma personalidade – nesse sentido ele terá subjetividade jurídica, em todos aqueles casos em que a *ratio* da previsão temporal do nascimento não se verifique e em que a necessidade de tutela se imponha, operando-se, assim, uma correção normativa da norma. É que, ao nível do direito civil, a proteção de que se cura passa, neste nível e imperiosamente, pelo reconhecimento de tais direitos de personalidade.

---

114. Orlando de Carvalho. *Teoria Geral do Direito Civil* cit., 85-86.
115. Cf., supra.

Capítulo II
A VIDA COMO UM DANO?

1. INTRODUÇÃO

Se é inegável que o direito à vida constitui o sustentáculo da proteção que se dispensa a todos os outros direitos de personalidade, não é menos verdade que a responsabilidade civil emergente da lesão de tal posição jurídica subjetiva sempre se encontrou rodeada de polémica. O debate em torno do dano da morte e dos outros danos que lhe andam associados é disso exemplo claro.

Mais recentemente, contudo, de uma forma paradoxal no quadro de um ordenamento que se queira afirmar de direito e do direito, as questões relativas à responsabilidade civil a propósito do direito à vida têm sido outras. Já não se indaga até que ponto um determinado sujeito deve indemnizar outro por lhe ter tirado a vida, mas questiona-se em que medida a vida pode ser encarada como um dano.

O enunciado é simples e remete-nos evidentemente para o tema das *wrongful birth*, das *wrongful life* e das *wrongful conception actions*, tema complexo e amplamente debatido que, porém, ainda não logrou encontrar sobre si o desejável consenso. Contudo, ultrapassa-o. Na verdade, uma questão com idêntica intencionalidade problemática foi recentemente colocada a propósito do comportamento do médico que se recusou a não prestar cuidados de saúde a um paciente que se encontrava em estado terminal.

Nas páginas que se seguem, pretendemos, revisitaremos alguns dos argumentos que se podem mobilizar em torno das referidas *wrongful life*, *wrongful birth actions* e *wrongful conception actions*. O tratamento da questão justifica-se por ela surgir paredes-meias com a questão do aborto: pode ou não a vida de um filho ser vista como um dano?

São, portanto, aspetos dogmáticos da responsabilidade civil que vêm questionados, a par de uma reflexão que não pode deixar de convocar uma pressuposição ético-axiológica que, afinal, fundamenta todo o ordenamento jurídico: a ineliminável dignidade ética da pessoa.

2. WRONGFUL BIRTH, WRONGFUL LIFE E WRONGFUL CONCEPTION ACTIONS

2.1 O estado da questão

O problema da vida própria como um dano tem sido frequentemente questionado a propósito das chamadas *wrongful life actions*, *wrongful birth actions* e *wrongful conception actions*. Em causa está o dano que a pessoa sofre em virtude de uma gravidez e/ou nascimento indesejado[1], a corresponder a diversas ações, consoante a estrutura peticional que as mesmas encerram.

---

1. Sobre os *wrongful births* e as *wrongful lifes*, cf., *inter alia*, e sem embargo de ulteriores citações, Gert Brüggemeier. *Haftungsrecht*: Struktur, Prinzipen, Schutzbereich zur Europäisierung des Privatrechts. Springer, Berlin, Heidelberg, New York, 2006, 256 s.; A. Pinto Monteiro. Direito a não nascer? Anotação ao Ac. do STJ de 19 de Junho de 2001. *Revista de Legislação e de Jurisprudência*, ano 134. n. 3933, 2002, 371 s.; Guilherme de Oliveira. O direito de diagnóstico pré-natal. *Temas de direito da medicina*. Coimbra, 1999, 214 s.; André Dias Pereira. *O consentimento informado na relação médico-paciente*. Estudo de direito civil. Coimbra, 2004, 375 s.; Fernando Pinto Monteiro. Direito à não existência, direito a não nascer. *Comemorações dos 35 anos do Código Civil e dos 25 anos da Reforma de 1977 II*. A parte geral do código e a teoria geral do direito civil. Coimbra, 2006, 131 s.; Joel Feinberg. Wrongful life and the counterfactual element in harming. *Freedom and Fullfilment*, 1992; Christine Lejeune. *Wrongful life* – Das Kind als Vermögensschaden, 2009; Geneviève Viney. Brèves remarques à propos d'un arrêt qui affecte l'image de la justice dans l'opinion. *La semaine juridique*, n. 2, 2001, 65 s.; Hermann Schünemann. Schadenersatz für mißgebildete Kinder bei fehlerhafter genetischer Beratung Schwangerer? *Juristenzeitung*, 17, 1981, 574-77; B. Markesinis. Réflexions d'un comparatiste anglais sur et à partir de l'arrêt Perruche. *Revue Trimestrielle de Droit Civil*, 2001, 77 s.; Eduard Picker. Schadensersatz für das unerwünschte Kind. *Archiv für die civilistische Praxis*, 195, Heft 6, 1995, 483 s.; Reinhard Zimmermann. Wrongful life und wrongful birth. *Juristenzeitung*, 52, Heft 3, 1997, 131 s.; Dieter Giesen. Schadenbegriff und Menschenwürde. Zur schadenrechtlichen Qualifikation der Unterhaltspflicht für ein ungewolltes Kind. *Juristenzeitung*, 49, Heft 6, 1994, 286 s.; Rolf Stürner. Schadensersatz für mi glückle Abtreibung – ein Problem der Schadenszurechnung? *Juristenzeitung*, 41, Heft 3, 1986, 122 s.; Anna Grub. *Schadensersatzansprüche bei Geburt eines behinderten Kindes nach fehlerhafter Pränataldiagnostik in der Spätschwangerschaft*. 2006; Paulo Mota Pinto. Indemnização em caso de nascimento indevido e de vida indevida ("wrongful birth" e "wrongful life"). *Revista Lex Medicinae, Revista*

O traçado comum das questões discutidas sob esta égide pode, sucintamente, ser descrito com apelo à pretensão indemnizatória baseada num nascimento que ocorre por os pais não terem decidido abortar, apesar de o filho sofrer de malformações congénitas que comprometem aquilo que, no entendimento comum, é uma vida normal e digna de ser vivida. A simplicidade enunciativa não deixa, contudo, de esconder uma profusão de hipóteses práticas cuja diversa estrutura não pode ser escamoteada, posto que condicionante das soluções normativas que se almejam. Assim, tentando traçar, ainda que perfunctória e não exaustivamente, uma taxonomia orientadora do discurso, pensamos em alguns exemplos padrão: 1) os pais, não tendo sido alertados, por negligência do médico, para a mal formação do embrião, não tiveram oportunidade de decidir se abortariam ou não a criança por nascer e hoje pretendem reagir contra o clínico, distinguindo-se os casos consoante exista ou não de uma relação contratual firmada entre as parte; 2) o filho, inconformado com a sua situação, pretende reagir contra o médico, fundando a sua demanda nos mesmos dados enunciados no número anterior; 3) o filho pretende reagir contra os próprios pais que não optaram pelo seu não nascimento; 4) fruto de negligência médica, ocorre uma conceção que não foi desejada ou que não deveria ter existido, vindo a criança

---

Portuguesa de Direito da Saúde. ano 4. n. 7. Coimbra. Coimbra Ed., 5 a 25; Paulo Mota Pinto. *Interesse Contratual negativo e interesse contratual positivo.* Coimbra: Coimbra Ed., 2010, 738 s., n. 2094; Paulo Mota Pinto. Indemnização em caso de nascimento indevido e de vida indevida ("wrongful birth" e "wrongful life"). *Direitos de personalidade e direitos fundamentais, Estudos.* Gestlegal, 2018, 735 s.; Carneiro da Frada. A vida própria como dano. Perspectivas civis e constitucionais de uma questão-limite. *Revista da Ordem dos Advogados.* ano 68, v. I, 2008 (http://www.oa.pt/Conteudos/Artigos/detalhe_artigo.aspx?idc=30777&idsc=71981&ida=72382); Carneiro da Frada. A protecção juscivil da vida pré-natal. Sobre o estatuto jurídico do embrião. *Revista da Ordem dos Advogados.* ano 70, v. I/IV, 2010 (http://www.oa.pt/Conteudos/Artigos/detalhe_artigo.aspx?idc=30777&idsc=112472&ida=112751) [o último estudo citado corresponde, segundo depoimento do autor, a outro: "O nascimento com deficiência. Sobre o estatuto jurídico do embrião", *Estudos em Homenagem a Mário Emílio Bigotte Chorão*]; Miguel Martín-Casals; Josep Sole Feliu. *Responsabilidad civil por la privación de la posibilidad de abortar (wrongful birth).* Comentario a la STS, 1ª, 18.12.2003, Barcelona, 2004, www.indret.com; Seana Valentine Shriffrin. Wrongful Life, Procreative Responsibility and the Significance of Harm. *Legal Theory,* 5, 1999,117 s.; Georg Faerber. *Wrongful life – Die deliktsrechtliche Verantwortlichkeit des Arztes dem Kind gegenüber. Ein rechtsvergleichende Darstellung des amerikanischen, britischen und deutschen Rechts,* 1988.

a nascer[2]. Repare-se que, na última hipótese, não está propriamente em causa a invocação de um pretenso direito ao aborto (por parte dos pais), quase convertível num dever de abortar (quando a pretensão seja sustentada pelo filho contra os pais), mas o insucesso de um procedimento contracetivo, que culminou na geração da vida, ou na falha de um diagnóstico genético que, não alertando os progenitores para determinados perigos, não impediu a existência da gravidez.

Estas últimas hipóteses – correspondentes às *wrongful conception* ou *wrongful pregnacy actions* – seriam, aliás, abundantes na jurisprudência.

Várias são as decisões a que se podem aceder que relevam para este ensejo.

Em 1980, o BGH[3] pronunciou-se sobre um caso em que uma mulher havia sido sujeita a uma esterilização mal-sucedida (laqueação de trompas), dando à luz dois gémeos, razão pela qual pediu a condenação do médico ao pagamento de uma indemnização correspondente ao custo de sustento das crianças. Apesar de o tribunal de primeira instância ter considerado que as crianças não poderiam ser vistas como um dano, o BGH veio considerar que, por violação do contrato de prestação de serviços médicos, haveria lugar a uma

---

2. Paulo Mota Pinto, a este propósito, considera três categorias de ações: a) conceção indevida/gravidez indevida: como resultado de um erro médico, gera-se uma criança, ou é concebido um feto com uma deficiência grave, não tendo os pais sido alertados para os seus riscos genéticos, e invocando-se agora que a gravidez nunca teria tido lugar se devidamente informados acerca do risco de darem à luz uma criança deficiente; b) nascimento indevido: o evento lesivo levou a um nascimento indesejado, ou porque o nascimento foi o resultado de uma conceção indevida, ou porque, sendo a conceção indesejada, um erro médico inviabilizou que os pais optassem pelo aborto; c) hipóteses de vida indevida, em que a ação é proposta pela própria criança que pede uma indemnização invocando um direito a não nascer; e referindo-se a dois tipos de danos: a) o dano do planeamento familiar; b) dano resultante de uma deficiência da criança nascida) – cf. Paulo Mota Pinto. Indemnização em caso de nascimento indevido e de vida indevida cit., 5 a 25; Paulo Mota Pinto. *Interesse Contratual...* cit., 738 s., n. 2094; Indemnização em caso de nascimento indevido e de vida indevida cit., 735 s.

3. BGH, 18-3-1980, VI ZR 105/78, https://www.prinz.law/urteile/bgh/VI_ZR_105-78. Cf., igualmente, o caso BGH, 18-3-1980, VI ZR 247/78, https://www.prinz.law/urteile/bgh/VI_ZR_247-78. Em causa estava, aí, igualmente, uma esterilização mal feita, que redundou numa gravidez indesejada. Foi, tal como no caso anterior, atribuída uma indemnização, mas o enfoque é agora colocado na lesão da integridade física da mãe e nos custos associados à manutenção de uma família numerosa, dado tratar-se de um casal com seis filhos.

CAPÍTULO II • A VIDA COMO UM DANO? **57**

indemnização, embora tenha sublinhado que o dano não residia nas crianças em si, mas no desgosto associado a uma gravidez indesejada. Noutras decisões, considera-se que o dano se encontra nas despesas de sustento com uma criança[4].

Em causa estaria, portanto, não só um dano não patrimonial, como um dano patrimonial, reconhecido, aliás, também, noutras jurisdições. No caso *Emeh v Kensington and Chelsea and Westminster Area Healt Authority*, no Reino Unido, na sequência de mais uma laqueação de trompas mal efetuada, a mãe veio demandar uma indemnização pelos danos sofridos, onde se incluíam a perda de rendimentos futuros, na sequência do nascimento de uma criança com problemas congénitos, que requeria constante supervisão dos seus progenitores, tendo o tribunal acolhido a pretensão[5].

Estas decisões, embora próximas, não se confundem, portanto, com as *wrongful birth* e as *wrongful life actions*[6]. Nestas, o que está em causa não é uma gravidez gerada de forma indesejada, mas o facto de os pais não terem posto fim a essa mesma gravidez. Não obstante, alguns autores chamam a atenção para o paralelo evidente entre as *wrongful conception* e as *wrongful birth actions*[7]. Admite-se, na verdade,

---

4. Cf. BGH, 18-3-1980, VI ZR 247/78, https://www.prinz.law/urteile/bgh/VI_ZR_247-78.
5. Emeh v Kensington and Chelsea and Westminster Area Health Authority: CA 1 jul 1984, www.swarb.co.uk/emeh-v-kensington-and-chelsea-and-westminster-area-health-authority-ca-1-jul-1984. Veja-se, porém, o caso Udale v Bloomsbury Area Health Authority: QBD 1983 https://swarb.co.uk/udale-v-bloomsbury-area-health-authority-qbd-1983/, precedente no qual se considerou que "public policy held fast against awarding damages for the birth of a healthy child, and that element of damages was not recoverable"; e ainda os precedentes McFarnale v. Tayside Health Board [2000] 2 AC 59 e Byrne v. Ryan (2007) 26 ILT (N.S.) 276, considerando (este último) que em causa estava a dignidade da pessoa e da família, a impedir o ressarcimento. Em sentido contrário, admitindo a indemnização, cf. Rees v. Darlington Memorial Hospital NHS Trust [2003] 3 WLR 1091 (HL).
6. De acordo com a explicitação de Diogo Costa Gonçalves, foi a "introdução nas ordens jurídicas da despenalização e liberalização do aborto" que "conduziu a discussão a um outro patamar argumentativo". Cf. Diogo Costa Gonçalves, *A vida própria como um dano*, inédito. Aproveitamos o ensejo para agradecer ao Autor o envio de uma versão preliminar do seu estudo para nossa leitura. Em sentido contrário, considerando que a posição defendida quando ao nascimento indevido ou vida indevida não depende da posição que se tenha sobre a desejabilidade da despenalização do aborto nas primeiras semanas de gravidez, Paulo Mota Pinto. Indemnização em caso de nascimento indevido e de vida indevida cit., 751.
7. Cf. Hermann Schünemann... cit., 576, considerando que se, se admite a indemnização nuns casos, não há como recusá-la noutros.

no quadro das *wrongful birth actions*, a compensação pelo desgosto e stress sofridos pela mãe, desde que atinjam um patamar tido por patológico[8], bem como pelo aumento das despesas com a criança nascida, embora unicamente – neste último caso – no plano contratual[9], e não se estendendo ao lucro cessante[10]. No ordenamento jurídico italiano, convoca-se a este propósito o conceito de dano biológico[11] e aceita-se, inclusivamente, que a compensação se estenda ao pai[12].

Em qualquer caso, a criança em si mesma não é vista como um dano. O Tribunal Constitucional alemão, aliás, veio considerar que a consideração da criança como um dano seria contrária ao artigo 1º da lei fundamental[13], defendendo que a jurisprudência cível deveria ser revista quanto ao ponto, embora posteriormente afirme que a "jurisprudência dos tribunais civis sobre responsabilidade médica nos casos de erro na esterilização e erro no diagnóstico genético anterior à conceção de uma criança pré-natal não viola o artigo 1º

---

8. BGH, 18-1-1983, BGHZ 86, 240, 248 (http://www.servat.unibe.ch/dfr/bz086240.html). Veja-se, igualmente, BGH 27-11-1984, *Neue Juristische Wochenschrift* 1985, 671-673. Para outros desenvolvimentos, PEL; Christian von Bar. *Non contractual liability arising out of damage caused to another*. Bruylant, 2009, 352.

9. Cf. BGH 16-11-1993, ZR, 105/92, BGHZ 124, 128, 134 (https://www.prinz.law/urteile/bgh/VI_ZR_105-92-ok). Veja-se, igualmente, PEL; Christian von Bar. *Non contractual liability arising out of damage caused to another* cit., 351.

10. Não se consideram, na verdade, indemnizáveis as perdas de rendimentos pelo facto de os pais não poderem desenvolver plenamente uma atividade profissional no futuro. Cf. PEL; Christian von Bar. *Non contractual liability arising out of damage caused to another* cit., 353. Note-se, ademais, que como alerta Christian von Bar, não é bastante a existência da criança indesejada, sendo necessária a prova de outros danos atuais.

11. V. Cass. 1-12-1998, n. 12195, *Il Foro Italiano*, 122, 1, 1999, 77 s. e 89 s.; Cass. 10-5-2002, n. 6735 (https://www.altalex.com/documents/news/2002/12/03/mancata-diagnosi-di--malformazioni-del-feto-risarcimento-anche-al-padre).
Sobre os problemas que o conceito de dano biológico levanta no nosso ordenamento jurídico, cf. Mafalda Miranda Barbosa. Novas categorias de danos a partir da lesão da integridade física: a busca da originalidade espúria ou um novo sentido do justo? *Revista de Direito da Responsabilidade*, ano 1, 2019, 639 s. e demais bibliografia aí citada.

12. Cf. Cass. 11.05.2009, n. 10741; Cass., Sez. Un., 11.11.2008, n. 26972; Cass., 22.07.2004, n. 13634, Cass. 21/8/2018, n. 20829; Cass. 29/1/2018, n. 2070, Cass. 2/10/2012, n. 16754; Cass. 2/2/2010, n. 2354. A responsabilidade do médico perante o pai assumiria, contudo, natureza contratual.

13. Cf. *BVerfG*, 28-5-1993, 88-203, http://www.servat.unibe.ch/dfr/bv088203.html. Esta posição foi bastante para alguns tribunais terem revisto o posicionamento quanto a estes casos. Nesse sentido, cf. LG Düsseldorf. 02.12.1993. *Neue Juristische Wochenschrift*, 1994, 805 e Olg Zweibrücken. 18.02.1997. *Neue Juristische Wochenschrift* 1997, 666. Sobre o ponto, para maiores desenvolvimentos, *vide* B. Markesinis; H. Unberath. *The german law of torts*: a comparative treatise. Oxford: Hart Publishing, 2002, 179 s.

GG"[14], de tal modo que no BGH se estabilizou a posição de que os pais têm direito a uma pretensão indemnizatória, no âmbito contratual, nas hipóteses de *wrongful pregnacy* e *wrongful birth*, tendo direito ao pagamento de uma quantia correspondente aos custos de sustento, independentemente de a criança ser ou não saudável. A mãe pode, ainda, ter direito ao pagamento de uma compensação pelo sofrimento nos casos de *wrongful birth* que envolvam um parto complicado[15]. Não se admite, porém, qualquer demanda ressarcitória protagonizada pelo filho.

As *wronfgul life actions* têm, de facto, vindo a ser rejeitadas em quase todas as latitudes[16]. Em França, na sequência do acórdão *Pêrruche*[17], o legislador vem, inclusivamente, proibir as referidas pretensões, considerando que os custos com o sustento da criança devem ser suportados pela solidariedade social[18].

Em Portugal, o Supremo Tribunal de Justiça pronunciou-se sobre um caso de *wrongful life*, no acórdão de 19 de Junho de 2001[19], negando provimento à pretensão que havia sido deduzida com fundamento na não consagração de um direito a não existir, no nosso ordenamento jurídico, e no facto de o direito à vida, integrado no direito geral de personalidade, exigir que o próprio titular o respeite. No entanto, parece abrir as portas – ou pelo menos não as fechar – às ações de *wrongful birth*, ao afirmar que "o pedido de indemnização

---

14. *BVerfG*, 12.11.1997. Sobre o ponto, cf. B. Markesinis;H. Unberath, *The german law of torts...* cit., 179.
15. Markesinis;H. Unberath. *The german law of torts: a comparative treatise* cit., 179.
16. Cf. Cass. 29.07.2004, n. 14488, *Foro Italiano*, 2004, I, 3327; BGH 18-1-1983, BGHZ 86, 240, 251 (http://www.servat.unibe.ch/dfr/bz086240.html); *McKay v. Essex Area Health Authority* [1982] QB 1166. Sobre o ponto, cf. PEL; Christian von Bar. *Non contractual liability arising out of damage caused to another* cit., 351.

    Veja-se, porém, entre nós, a posição de Paulo Mota Pinto. Indemnização em caso de nascimento indevido e de vida indevida cit., 771 s. e nota 90, e, além-fronteiras, E. Deutsch; A. Spickhoff. *Medizinrecht*: Arzrecht, Arzeneimittelrecht, Medizinprodukterecht und Transfusionsrecht. Berlin-Heidelberg-Nova Iorque: Springer, 2003, 221 s.; Hans Stoll. *Haftungsfolgen im bürgerlichen Recht*. Eine Darstellung auf rechtsvergleichender Grundlage. Freiburger Rechts-und Staatswissenschaftliche Abhandlung, Band 58, C.F. Müller, Heidelberg, 1993, 184 s.
17. Cass. Ass. Plen. 17-11-2000, JCP 2000, 2309 (https://www.doctrine.fr/d/CASS/2000/JURITEXT000007041543).
18. Loi Kouchner, Loi 2002-303 du 4 mars 2002 relative aux droits des malades et à la qualité du système de santé, artigo 1°.
19. Proc. 01A1008, relator Fernando Pinto Monteiro.

60 | DIREITO E PESSOA NÃO NASCIDA • Mafalda Miranda Barbosa

deveria ter sido formulado pelos pais e não pelo filho, já que o direito ou faculdade alegadamente violado se encontra na esfera jurídica dos primeiros". Em causa estava, portanto, a invocação de um pretenso direito a abortar a criança.

Foi esse, aliás, o entendimento posterior de muitos tribunais. Assim, os Acórdãos do Tribunal da Relação do Porto de 1 de março de 2012[20]; Tribunal da Relação de Lisboa de 29 de abril de 2015[21]; do Supremo Tribunal de Justiça de 17 de janeiro de 2013[22].

2.2   Os aspetos dogmáticos

Tudo visto, podemos concluir que, apesar de haver uma certa confluência no que diz respeito às soluções dispensadas a estes casos, se detetam clivagens entre as decisões jurisprudenciais e a doutrina, por um lado, e, por outro lado, que os argumentos mobilizados para as sustentar não são equivalentes.

Acresce que muitos deles terão de ser confrontados com uma pressuposição de sentido – a pressuposição ético-axiológica que perpassa todo o ordenamento jurídico e o permite afirmar como um ordenamento de direito e do direito –, sem a qual corremos o risco de perder de vista a juridicidade que deve contaminar o pensamento do jurista.

Importa, por isso, olhar para alguns desses argumentos, enquadrando-os nas grandes categorias dogmáticas que garantem a procedência de uma pretensão indemnizatória. Os problemas repartem-se em dois níveis: a fundamentação da responsabilidade e o seu preenchimento. Mas, mais do que analisarmos os diversos pressupostos da responsabilidade civil (extracontratual e contratual), orientar-nos-

---

20. Proc. 9434/06.6TBMTS.P1., relator Filipe Caroço, considerando que foi violado o direito à autodeterminação da mãe, mas negando o direito a uma indemnização em nome próprio do filho, por inexistência de dano reparável.
21. Proc. 57/11.9TVLSB.L1-7, relator Roque Nogueira, relacionando o problema com a criminalização ou não do aborto.
22. Proc. 9434/06.6TBMTS.P1.S1, relatora Ana Paula Boularot. Note-se, porém, que, em voto de vencido, Pires da Rosa admite expressamente a possibilidade de se pensar num direito à não existência e, portanto, de se indemnizar diretamente o filho. Maria dos Prazeres Beleza, por seu turno, chama à colação a ideia de contrato com eficácia de proteção para terceiros para justificar a indemnização, em sede contratual, ao filho. Sobre o ponto, veja-se, igualmente, A. Pinto Monteiro. Direito a não nascer... cit., 371 s.

CAPÍTULO II • A VIDA COMO UM DANO? **61**

-emos pela resposta a duas magnas questões: é ou não detetável um fundamento para a imposição da obrigação de indemnização nestas situações; pode ou não considerar-se a existência de um dano?

3. A FUNDAMENTAÇÃO DA RESPONSABILIDADE

O modelo delitual português baseia-se na dicotomia entre a ilicitude e a culpa, fruto da inspiração que recebe do modelo herdado de Ihering e consagrado nos §§823 e 826 BGB. Por isso, descontadas que sejam as hipóteses de abuso do direito, um lesado só poderá, em regra, ter direito a uma indemnização, quando se detete a violação de um direito absoluto ou de uma disposição legal de proteção de interesses alheios, o que significa que se proscreve, em geral, a compensação dos danos puramente patrimoniais (*reine Vermögensschaden*) e dos danos não patrimoniais primários (ou seja, não acompanhados da preterição da posição jurídica absoluta ou da norma de proteção que os integre no seu escopo tutelador).

Quer isto dizer que, no domínio que nos importa, a primeira tarefa do jurista será a de procurar uma posição jurídica subjetiva dotada de eficácia *erga omnes* que permita alicerçar a pretensão.

Ora, é exatamente neste ponto que reside uma das grandes dificuldades dos casos com que estamos a lidar.

3.1 O direito à não-existência

Se a pretensão se dirigir do filho contra os pais (ou contra o clínico), teríamos que aventar a possibilidade de invocação de um direito à não existência, que, tal como o próprio, inexiste em concreto. Mais, tal direito – que estaria na base das *wrongful life actions* – radicaria numa insuperável antinomia normativa. Se o direito subjetivo é pensado enquanto categoria dogmática que bebe as suas raízes na pessoalidade, é paradoxal forjar um direito que ponha em causa a própria pessoa. Na verdade, o direito subjetivo – de que os direitos da pessoa são mera categoria – não pode ser visto como uma pura forma, desenraizada e desligada do fundamento axiológico que o sustenta, de tal modo que não é viável forjar-se uma posição subjetiva que implique a negação da pessoa.

Se exercido contra os pais, ele contrariaria, ainda, a eticidade que informa a juridicidade, por, ao ser exercitável, implicar a conversão do aborto num dever por parte daqueles, afetando no seu exercício o direito à vida, que está nos seus antípodas, do próprio e outros direitos fundamentais dos progenitores[23].

3.2 O putativo direito ao aborto

Também os pais não titulam qualquer direito invocável quando, não tendo sido alertados, por negligência do médico, para a malformação do embrião, não abortaram a criança ainda não-nascida. O problema, aqui, contudo, ganha contornos diversos, a implicar que se mergulhe na análise de outras posições subjetivas.

Invoca-se, a este propósito, não raras vezes, um direito ao aborto por parte dos pais. Simplesmente, o aborto jamais poderá ser configurado como um direito. Vimos isso relativamente à questão da despenalização do comportamento[24]. E reiteramos essa posição também no tocante à exceção à punibilidade do comportamento que passa pela consideração das más formações do embrião. De outro modo, o ordenamento jurídico enredar-se-ia em profundas antinomias normativas e valorativas.

Na verdade, se fundadamente chegámos ao reconhecimento da tutela dos direitos de personalidade do embrião, inclusivamente (e cimeiramente), o seu direito à vida, então, ao admitir-se um direito ao aborto em face da malformação do filho, teríamos de assumir que a tutela não se dispensaria àqueles que padecem de qualquer deficiência, introduzindo-se uma discriminação grosseiramente violadora da lei fundamental. Ademais, a autonomia responsável dos progenitores, a que anteriormente também aludimos, determinará inclusivamente o incremento dos deveres de cuidado em relação ao filho que carece de proteção acrescida.

---

23. A propósito de um direito à indemnização do pai que não deu o seu consentimento para o aborto praticado pela mãe, cf. Mafalda Miranda Barbosa. Em busca da congruência perdida em matéria da proteção da vida do nascituro – a perspetiva juscivilística. *Boletim da Faculdade de Direito*, v. 92, t. I, 2016, 23 s., bem como Pedro Pais de Vasconcelos. A posição jurídica do pai na interrupção voluntária da gravidez cit., 400 s.
24. Cf., supra, o que se disse a esse propósito.

CAPÍTULO II • A VIDA COMO UM DANO? **63**

Não faz, portanto, sentido considerar procedente a demanda dos pais em relação ao médico. Não se nega a liberdade de autodeterminação da maternidade e da paternidade, enquanto dimensão do direito à autodeterminação e, em geral, do direito de personalidade, mas também não se pode esquecer qual o momento exato do seu exercício efetivo – o momento da prática de uma relação sexual consentida, esgotando-se aí[25]. É claro que, estando em causa má--formações do embrião, a questão requer outro tipo de reflexões. De facto, ultrapassa-se a este nível a simples possibilidade de aborto *ad nutum*, para se passar a justifica-lo com uma patologia congénita do filho. Simplesmente, a partir do momento em que justificadamente compreendemos que o embrião é pessoa – e pessoa para o direito[26] –, negando-se a existência de um direito ao aborto, temos de, congruentemente, também em nome da não discriminação das pessoas portadoras de deficiências, reconhecer que não existe um direito a aniquilar um filho deficiente ou com má-formações congénitas. De outro modo, estavam-se a abrir as portas à gradação de seres humanos, dividindo-os entre os dignos e os não dignos. A retração do direito penal a este nível pode, como sustenta parte da penalística, justificar-se pela diminuição da culpa ou pela atenuação do desvalor de conduta que integra o conceito de ilícito naquele domínio dog-

---

25. Cf. Capelo de Sousa. *O direito geral de personalidade* cit., 619 s. e *Teoria Geral do Direito Civil* cit., 268 s., que, a partir da distinção entre a personalidade jurídica e a personalidade humana, considera ser esta protegida mesmo na fase embrionária e fetal; Carneiro da Frada. A vida humana como dano cit., no mesmo sentido, embora com outra fundamentação. Quanto ao ponto, veja-se, ainda, Diogo Costa Gonçalves. Pessoa e ontologia cit., v. 2, 152 e n. 62. Considerando que o homem é pessoa só pelo facto de o ser, salienta que "[é] esta a primeira e principal razão que um jurista deve invocar para não ceder ante os *gradualismos personalistas* que, invocando uma pretensa diferenciação ontológica no homem, pretendem retirar consequências jurídicas diversas. De facto, e isto é importantíssimo para o Direito, não é possível afirmar momentos ontológicos diversos na realidade humana que fundamentem valorações jurídicas distintas. A realidade humana, sejam quais forem as suas perfeições atuais, é sempre ontologicamente a mesma (...)". A afirmação transcrita não só obsta à procedência de qualquer pretensão indemnizatória ancorada na invocação do direito à não existência, como permite colher um importante argumento no sentido da não existência de um direito ao aborto num ordenamento jurídico que o queira verdadeiramente ser. Veja-se, ainda, Oliveira Ascensão. O início da vida. *Estudos de Direito da Bioética*. Coimbra: Almedina, 2008, v. 2, 26-27 e Mafalda Miranda Barbosa. Em busca da congruência perdida em matéria de proteção do nascituro cit.
26. Cf. Mafalda Miranda Barbosa. Em busca da congruência perdida em matéria de proteção do nascituro cit.

mático, mas nunca pela afirmação de um direito titulado pela mãe que pudesse intervir como causa de justificação[27].

3.3 O direito à autodeterminação da maternidade/paternidade e ao livre desenvolvimento da personalidade

Alguns autores invocam, como pudemos constatar *supra,* a este propósito, um direito à autodeterminação da maternidade e da paternidade. Não cremos, porém, que possa proceder a invocação, no que respeita aos casos de *wrongful birth.* Na verdade, estas dimensões da personalidade jogam-se, como tivemos oportunidade de referir, a montante, no momento da prática de uma relação sexual consentida e desprotegida. Posteriormente, a questão perde sentido, tanto quanto se reconheça que inexiste um direito ao aborto. Mais do que isso: a mãe (e o pai) tem o dever de prover pela segurança do seu filho nascituro. Nos termos do artigo 1878º/1 CC, "compete aos pais, no interesse dos filhos, velar pela segurança e saúde destes, prover ao seu sustento, dirigir a sua educação, representá-los, ainda que nascituros, e administrar os seus bens", o que quer dizer que as responsabilidades parentais se estendem até um momento que antecede o próprio nascimento.

Por outro lado, o direito subjetivo é impensável sem a abertura relacional ao outro, pelo que jamais o direito à autodeterminação da maternidade poderia ser invocado para justificar um comportamento abortivo. Nem se diga, em alternativa, que a autodeterminação da

---

27. Os autores penalistas não são unânimes no tocante à interpretação do artigo 142º CPenal. Se para muitos o que está em causa é a exclusão da ilicitude do ato, para outros, com exceção da alínea a) do n. 1, o que estaria em causa seria a exclusão da punibilidade pela ausência (ou atenuação) da culpa da mulher que decide abortar. Cf. Jorge Figueiredo Dias. *Comentário Conimbricense do Código Penal* cit., t. I, artigo 142º; António Manuel Almeida Costa. Aborto e direito penal cit., III, 76 s.; Manuel da Costa Andrade. O aborto como problema de política criminal. *Revista da Ordem dos Advogados.* 1979, II, 293 s. No tocante à alínea *e,* acrescentada ao preceito depois da consulta popular sobre a matéria, ulteriores problemas se colocam. Na verdade, vozes ecoam no sentido da inconstitucionalidade da solução dos prazos que passou a estar consagrada no nosso ordenamento jurídico. Manifestando-se neste sentido, no quadro do direito civil, embora em momento anterior à alteração legislativa, cf. Rabindranath Capelo de Sousa, *Teoria Geral do Direito Civil* cit., 276, n. 688.
    Cf., também, Joachim Hruschka. Zum Lebenrecht des Foetus in rechtsethischer Sicht cit., 507 s.

maternidade envolveria a recusa de um filho portador de deficiências, pois tal implicaria uma antinomia com a estrutura axiológica que predica a juridicidade.

O direito à autodeterminação da maternidade, nesse sentido que rejeitamos, aproximar-se-ia de um pretenso direito ao desenvolvimento da personalidade da mãe[28]. Simplesmente, este direito – com a amplitude que conhece – não pode ser mobilizado como uma justificação para o aborto. Tal mobilização não parece ser viável quer no plano abstrato[29], quer no plano concreto. Na verdade, sendo este um direito de personalidade, ele tem um fundamento axiológico imediato que se encontra na dignidade da pessoa humana. Ora, esta pessoa é um ser livre e responsável. Uma responsabilidade que, sendo indissociável daquela liberdade positivamente perspetivada, envolve o diálogo com o *outro*, pelo qual é responsável e perante o qual é responsável. O aniquilamento *ad nutum* ou não do embrião implicaria a negação da dimensão de responsabilidade que predica a pessoalidade e, com ela, da própria liberdade.

Recordamos que o direito só subsiste enquanto não chocar com a axiologia fundamentante do próprio reconhecimento do direito, pelo que jamais poderá ser invocado para legitimar a prática abortiva. O exercício do direito ao livre desenvolvimento da personalidade não se pode consubstanciar na morte de um ser humano, abdicando-se do sentido de responsabilidade que predica a pessoalidade[30]. Acres-

---

28. Sobre o direito ao livre desenvolvimento da personalidade, cf., *inter alia*, Rabindranath Capelo de Sousa, *O direito geral de personalidade* cit., 352 s.; Pedro Pais de Vasconcelos. *Direito de personalidade* cit., 74 s.; Paulo Mota Pinto. O direito ao livre desenvolvimento da personalidade cit. Veja-se, ainda, Mafalda Miranda Barbosa; Tomás Prieto. *O direito ao livre desenvolvimento da personalidade*: sentido e limites (no prelo)

29. Relembremos a este propósito as palavras de Paulo Mota Pinto, na declaração de voto anexa ao Acórdão 617/2006 do Tribunal Constitucional. O então conselheiro do Tribunal Constitucional advertia para a necessidade de se densificar o conteúdo do direito, sob pena de ele se converter numa fórmula vazia capaz de tudo justificar. Ou seja, não pode ser a simples invocação do direito a legitimar a prática abortiva no plano geral e abstrato.

30. Esta responsabilidade não se confunde com a *liability*, antes se traduzindo numa *role responsibility*. Cremos, por isso, que falha a análise do problema do aborto levada a cabo por Ann Garry – Ann Garry. Abortion: models of responsibility cit., 371-296. A autora analisa quatro modelos que procuram justificar a proibição do aborto: *creator, strict liability, fault, contract*. De acordo com o modelo da criação, a mulher é causalmente responsável pela existência do feto; foi ela que o criou pela sua ação, pelo que tem uma especial responsabilidade em relação àquele, tendo de sustentar a sua vida. De acordo

ce que, mesmo que na situação concreta o direito existisse – o que vimos não ser concebível –, ter-se-ia de concluir que ele conflituaria com um direito valorado superiormente na hierarquia axiológica. O direito à vida do nascituro teria de prevalecer, até porque, perspetivando-se aí um conflito de direitos[31], ter-se-ia de concluir que a continuação da gravidez até ao nascimento não faria desaparecer o direito da mãe, embora o pudesse contrair, o mesmo não acontecendo por referência ao direito à vida do nascituro, que se esvaneceria por completo e definitivamente.

Por último, importa considerar que a mulher grávida – porque é mãe – tem um especial dever de cuidado em relação ao nascituro. O artigo 1878º CC funciona como o ponto de apoio normativo de tal

---

com o modelo da *strict liability*, a mulher grávida adotou um comportamento que comporta o risco de gerar uma gravidez; nessa medida, ela deve suportar as consequências de um contacto sexual. A perspetiva da *fault* parte do mesmo pressuposto. Contudo, exige que haja negligência no uso da contraceção. Repare-se que qualquer uma das perspetivas não pode ser acolhida. Como a própria autora – Ann Garry – denuncia (cf. p. 386), não faz sentido introduzir a questão da negligência para este efeito: o feto tem o mesmo valor quer tenha sido concebido devido ao uso negligente de contraceção, quer não tenha havido negligência. Por outro lado, as consequências não podem ser vistas como uma lesão. A lesão é o aborto em si mesmo, só que essa não é a consequência direta do ato. Veja-se, também, na p. 373 a crítica à perspetiva criadora: se alguém cria uma coisa, entre os seus poderes está também a faculdade de a destruir, e, se algumas criações são tão valiosas que não podem/devem ser destruídas, é irrelevante saber quem as criou. A nossa visão sobre o problema não é idêntico ao da autora. Embora reforce a ideia de responsabilidades/obrigações diante do feto, a mundivisão em que se move é díspar. O que aqui queremos vincar é que a responsabilidade de que se fala em texto é de outro tipo – *role responsibility*, só se gerando a responsabilidade/*liability* se aquela responsabilidade edificada a montante for posta em causa.

Uma última nota para sublinhar que também a explicação contratual não colhe, por não ser possível (nem desejável, por razões de ordem axiológica e por razões de ordem dogmática) configurar um contrato entre a mãe e o nascituro (cf. Ann Garry. Abortion: models of responsibility cit., 392 s.).

31. Não cremos que esta colisão exista, pela impossibilidade de sequer se invocar o direito ao desenvolvimento da personalidade.

Um dado importante é distinguir claramente o plano do direito civil do plano do direito penal. Na verdade, a existência de um direito da mãe, mesmo que não prevalecente sobre o direito do filho, pode determinar uma atenuação especial da culpa. Ora, no caso de aborto *ad nutum*, a pedido da mulher, tal não se verifica. Daí as dúvidas que apontámos *supra* à constitucionalidade da solução do ordenamento jurídico português, no artigo 142º C. Penal.

Relativamente ao eventual conflito de direitos, cf., uma vez mais, Pedro Pais de Vasconcelos, "A posição jurídica do pai na interrupção voluntária da gravidez", 400 s., considerando que não é possível falar de colisão de direitos a este propósito por não ser configurável um direito da mãe à prática de um crime.

dever[32], que decorreria igualmente dos princípios gerais. De facto, não está aqui em causa apenas o dever decorrente do vínculo de maternidade que se estabelece, juridicamente, depois do nascimento entre o nado-vivo e a mulher que dá à luz e se antecipa à fase embrionária, mas um dever geral de cuidado em relação ao outro. Ora, as circunstâncias da gestação fazem com que entre mãe e filho se estabeleça uma relação de domínio que aproxima a mulher grávida de um *garante* da incolumidade do filho. Esta perspetiva, aliás, leva a que atualmente se questione da pertinência do chamado *tort of parental malpractice*[33].

A possível invocação de um direito à liberdade da mulher grávida também não colhe por motivos análogos, como também referimos supra.

A ponderação acerca do direito à autodeterminação da maternidade/paternidade já será outra nas hipóteses de conceção errada/indesejada. É que, de facto, nas ações com a estrutura peticional das *wrongful conception* ou *das wrongful pregnacy actions*, o comportamento do médico que não alertou os pais para uma possível complicação genética, de modo a que eles tivessem evitado a gravidez, ou que incumpriu as *leges artis* no momento da realização de um procedimento contracetivo afeta a decisão livre acerca de ter ou não um filho.

Isto não significa, porém, que se possa, imediatamente, aceitar o ressarcimento nestes casos. É que não basta desvelar-se a ilicitude do ato, sendo imprescindível que com o caráter ilícito deste concorram outros requisitos da responsabilidade. Ora, como veremos, problemas inultrapassáveis ser-nos-ão comunicados a esse nível.

3.4 A violação de disposições legais de proteção de interesses alheios

A segunda modalidade de ilicitude traduz-se na violação de disposições legais de proteção de interesses alheios[34]. Erigida em

---

32. Capelo de Sousa entende que os pais têm, ao abrigo do artigo 1878º/1 CC, um dever de cuidar da segurança e da saúde dos filhos. Funda tal dever quer na responsabilidade pela procriação, quer em razões de solidariedade social e familiar. Cf. Rabindranath Capelo de Sousa. *O direito geral de personalidade* cit., 164.
33. Carl Wellman. The concept of fetal rights cit., 75 s.
34. A propósito da importância prático-normativa da consagração desta segunda modalidade de ilicitude, dicotomizando o domínio pessoal do domínio patrimonial, cf. Vaz

modalidade charneira da responsabilidade, a violação de direitos absolutos assume-se como pórtico de entrada do instituto, identificando-o, as mais das vezes, por antonomásia. Seria, por isso, estranho que se invertesse a arquitetura consagrada, pela abertura desmedida da cláusula delitual, a permitir uma ampla tutela do património[35], pelo que se impõe a adoção de critérios de circunscrição da relevância da violação das disposições legais de proteção de interesses alheios. Em causa terá de estar a violação de uma norma legal, isto é, proveniente de um órgão estadual, posto que a legitimidade para edificar a referida proteção de certos interesses, ainda que não tutelados por via da atribuição ou reconhecimento de um direito subjetivo, reside no poder legislativo. Por outro lado, essa norma legal tem de proteger determinados interesses alheios, não bastando que vise a tutela de meros interesses gerais ou coletivos. Não quer isto dizer que a proteção desses interesses genéricos não possa integrar-se na teleologia da norma. Significa sim que esta deve integrar especificamente a tutela dos interesses alheios (de uma pessoa ou grupo particular de pessoas) entre os seus fins. Mais do que isso, a norma deve proteger – proibindo ou impondo um comportamento – contra um especial risco (contra um determinado dano infligido de um certo modo). Afirma Brüggemeier que importa saber se a norma tem ou não em vista a proteção de outros. O § 823 II, tal como o 823 I, assume-se

---

Serra. Requisitos da responsabilidade civil. *Boletim do Ministério da Justiça*, n. 92, 94-95; Sinde Monteiro. *Responsabilidade por conselhos, informações e recomendações* cit., 237 s. Mais recentemente, cf., com amplo desenvolvimento, Adelaide Menezes Leitão. *Normas de protecção e danos puramente patrimoniais*. Coimbra: Almedina, 2009. Na doutrina portuguesa, acerca desta modalidade de ilicitude delitual, *vide*, igualmente, Antunes Varela. *Das obrigações em geral*. Coimbra: Almedina, 2003, v. I, 540 s.; Almeida Costa. *Direito das obrigações*. 12. ed. Coimbra: Almedina, 2009, 488 s. Veja-se, igualmente, Mafalda Miranda Barbosa. *Lições de responsabilidade civil*. Princípia: 2017.

35. Cf., no mesmo sentido, *inter alia*, Sinde Monteiro. *Responsabilidade por conselhos* cit., 253; Canaris. Schutzgesetze-Verkehrspflichten-Schutzpflichten cit., 49 s. Canaris mostra-se, por isso, muito restritivo na qualificação das normas que podem aceder à qualificação de disposições de proteção. Sobre o ponto, em sentido tendencialmente concordante, veja-se, entre nós, Sinde Monteiro. *Responsabilidade por conselhos* cit., 253. Em sentido contrário, apresentando razões para a não circunscrição das normas de proteção às normas penais, veja-se Adelaide Menezes Leitão. *Normas de protecção* cit., 429. Cf., igualmente, p. 418 (questionando se, para além da questão da eficácia horizontal dos direitos fundamentais, as normas constitucionais podem ser utilizadas como disposições de proteção) e p. 377 (onde se coloca o problema de saber se as normas internacionais e as normas comunitárias podem valer como tal).

CAPÍTULO II • A VIDA COMO UM DANO? **69**

como um âmbito de proteção de um especial interesse individual. Neste contexto, a tradicional fórmula, segundo a qual se impõe que a norma proteja não só a coletividade, mas também erija a proteção de uma pessoa ou grupo de pessoas, é uma tautologia. O problema passa por saber como determinar a finalidade da norma, abrindo-se dois caminhos: a) saber se a norma também prossegue a proteção de um interesse individual; b) saber se a proteção jurídica delitual desses interesses privados se justifica. Nesta medida, a norma deve proteger especiais interesses privados (*sachlichen Schutzbereichs*), de um especial círculo de pessoas (*personellen Schutzbereichs*), contra um especial risco (o bem jurídico deve ter sido violado pelo modo contra o qual a norma edificava a sua proteção – *modaler Schutzbereich*)[36]. A desvelação da segunda modalidade de ilicitude depende da assimilação do âmbito de relevância concreto do caso pelo âmbito de relevância hipotético, teleologicamente compreendido, de uma norma primária ordenadora de condutas, pelo que a imputação assim vazada transpira essa dependência e apresenta um recorte específico.

Nos casos que estamos a tratar, o primeiro problema que se coloca é o de saber se é ou não possível encontrar uma norma que possa funcionar como uma disposição legal de proteção de interesses alheios. A discussão passa, portanto, por indagar até que ponto as leis da arte médica – as *leges artis* – podem ou não ser cumprir esse específico desiderato. A resposta não pode ser imediatamente positiva, tanto quanto se exija a presença de uma concreta norma legal. Resta-nos, portanto, duas hipóteses: a sua previsão num diploma legal específico e subsequente violação; ou a sua chamada à colação por via da integração no artigo 150° CP. Ora, quanto a este ponto, cremos não se verificar a previsão do preceito em concreto – é que, com o comportamento, ainda que violador das *leges artis*, o médico não põe em causa a vida ou a integridade física quer da mãe, quer do filho.

Este dado, aliás, permite-nos considerar um outro aspeto da desvelação da ilicitude por via desta sua segunda modalidade. É que não basta a violação da norma, de uma norma; há que considerar os interesses preteridos entre aqueles que a norma

---

36. Gert Brüggemeier. *Haftungsrecht. Struktur, Prinzipen, Schutzbereich zur Europäisierung des Privatrechts*, Springer, Berlin, Heidelberg, New York, 2006, 537 s.

DIREITO E PESSOA NÃO NASCIDA • MAFALDA MIRANDA BARBOSA

visava tutelar: ora, não estando em causa a vida ou a saúde/integridade física da mãe ou do filho, não se verifica aqui o nexo de imputação que se requer e que vai identificado pela *sachlichen Schutzbereichs*[37].

3.5 A responsabilidade contratual

Importa, por último, ter em conta que o problema se pode colocar no seio de uma relação contratual. O que se questiona, a esse ensejo, é se a modelação obrigacional do problema é ou não de molde a alterar a solução que para ela se oferece. E, quanto ao ponto, a solução não pode ser senão negativa. Vejamos. Na responsabilidade contratual, não ficamos limitados por uma ideia de ilicitude cindível da culpa, pelo que não temos de nos preocupar em identificar o direito lesado: o facto de não existir um direito a não nascer ou a não existir; o facto de não existir um direito ao aborto; o facto de não estar em causa o direito à autodeterminação não nos perturbará a esse nível.

O que está em causa é a violação do acordo firmado entre as partes contratantes, a ensejar a possibilidade de se deduzir uma pretensão indemnizatória por não cumprimento – que se presume culposo – do pactuado.

A possibilidade de recurso à responsabilidade contratual, para alguns autores, alargar-se-ia, aliás, às situações de *wrongful birth,* pela configuração do contrato celebrado entre o médico e os pais como um contrato com eficácia de proteção para terceiros[38], numa solução a que não aderimos. Com efeito, não sendo as má-formações causadas pelo clínico, não se vê como é que o não cumprimento do dever de informar por parte dele ou a não execução devida dos procedimentos contracetivos possa pôr em causa o interesse do nascituro que, de outro modo, não nasceria. Parece-nos, de facto, chocante a afirmação de autores como Deutsch e Spickhoff, para quem a decisão da mãe de matar o filho o preserva de deficiências financeiramente

---

37. Em sentido contrário, cf. Paulo Mota Pinto. Indemnização em caso de nascimento indevido e de vida indevida ("wrongful birth" e "wrongful life") cit., 755.
38. Sobre o ponto, cf. A. Pinto Monteiro. *Direito a não nascer?* cit., 371 s. e 383.

onerosas[39], num claro pensamento eugenista que contende com a matriz valorativa do direito[40].

Já no tocante à responsabilidade contratual do médico perante os pais, ela parece fundar-se na violação do contrato, restando analisar o problema do ponto de vista das consequências jurídicas, isto é, do preenchimento da responsabilidade.

4. OS DANOS RESSARCÍVEIS

4.1 A vida como um dano

Não basta que o comportamento seja ilícito e culposo para que uma pretensão indemnizatória seja procedente. A estes dois requisitos juntam-se outros, quais sejam o nexo de causalidade ou nexo de imputação – analisável quer do ponto de vista da fundamentação da responsabilidade, quer do ponto de vista do seu preenchimento – e o dano.

Se a compreensão do nexo de causalidade em termos normativos nos afasta de eventuais dificuldades a este nível, sem termos sequer de recorrer a presunções como a *Vermutung aufklärungsrichtigen Verhaltens*[41], o mesmo não se pode dizer do requisito dano.

Não obstante, são diversos os danos que se invocam a este propósito. Em primeiro lugar, fala-se da vida própria como um dano e os autores têm vindo a mostrar que ele é inconcebível, por pôr em causa a dignidade da pessoa humana. Parece-nos que com razão. É claro que, como refere Paulo Mota Pinto, não está aqui em causa a reconstituição natural e, portanto, a possibilidade de eliminação da vida, a contender com a indisponibilidade que caracteriza este direito[42]. Mas, traduzindo-se o dano na preterição das faculdades

---

39. Cf. E. Deutsch/A. Spickhoff cit., 224.
40. A este propósito, cf. Paulo Mota Pinto. Indemnização em caso de nascimento indevido e de vida indevida ("wrongful birth" e "wrongful life") cit., 755-756.
41. Para maiores desenvolvimentos acerca do problema da causalidade, Cf. Mafalda Miranda Barbosa. *Do nexo de causalidade ao nexo de imputação*. Considerações a propósito da natureza binária e personalista do requisito causal ao nível da responsabilidade civil extracontratua. Princípia, 2013.
42. Paulo Mota Pinto. Indemnização em caso de nascimento indevido e de vida indevida ("wrongful birth" e "wrongful life") cit., 760.

inerentes ao conteúdo de um direito, ele só poderia – se invocado pelo próprio filho – ver-se como a outra face de um direito a não existir, que inexiste, como explicitado. Ao que acresce que, se invocado pelos pais – nas ações de *wrongful birth* ou de *wrongful conception* –, e contra o que o autor citado sugere, envolveria necessariamente um juízo acerca do valor da existência humana concreta, em comparação com a não existência, tida por preferível[43], o que claramente atenta contra a dignidade humana.

Aliás, Paulo Mota Pinto parece incorrer, a este propósito, numa contradição, pois, se afirma inequivocamente que é possível conceder uma indemnização por danos patrimoniais e não patrimoniais aos pais e ao próprio filho, rejeita, contudo, essa possibilidade no caso de danos não patrimoniais (quer de uns, quer de outros) pelo nascimento de uma criança saudável. Nas suas palavras, "a afirmação de tais danos não patrimoniais apenas pelo surgimento de uma vida humana envolveria (…) uma contradição valorativa inultrapassável com os valores subjacentes às normas que protegem o direito à vida e o bem jurídico vida em formação"[44]. É claro que o autor justifica dogmaticamente a solução pelo não preenchimento do requisito do artigo 496º CC, que apela à consideração do merecimento da tutela do direito. Simplesmente, sem embargo do caráter sugestivo do argumento, sempre se questiona por que razão o mesmo não pode, também, ser considerado por referência às crianças nascidas com deficiência. Ou dito de outro modo, não estará subjacente a esta diferença de tratamento dogmático o reconhecimento da menor valia do bem jurídico vida do portador de deficiência, de tal modo que se admite que a não existência seria preferível à existência?

4.2 Os outros possíveis danos e o preenchimento da responsabilidade

A par do dano da vida, há toda uma panóplia de danos que é considerada a este nível. Em causa estão também o dano do planea-

---

43. Cf. A. Menezes Cordeiro. *Tratado de direito civil português*, I/III cit., 331 s.; *Tratado de Direito Civil*, IV cit., 345 s.

44. Paulo Mota Pinto.Indemnização em caso de nascimento indevido e de vida indevida ("wrongful birth" e "wrongful life") cit., 767.

mento familiar, os danos patrimoniais com o sustento de uma criança – deficiente ou não –, os danos não patrimoniais decorrentes da ansiedade de uma gravidez indesejada ou do nascimento de um filho não pretendido. A sua ponderação implica, contudo, uma reflexão acerca do preenchimento da responsabilidade. Tradicionalmente, o nexo de causalidade era entendido de forma unívoca, estabelecendo a ligação entre a conduta ilícita e culposa e os danos sofridos pelo lesado. Fruto da boa influência sofrida de além-fronteiras, a doutrina portuguesa passou a distinguir, mais recentemente, dois nexos de causalidade. Melhor dizendo, o nexo de causalidade comunga, naquela que nos parece ser a melhor visão do problema, de uma natureza binária. Lado a lado concorrem a causalidade fundamentadora da responsabilidade e a causalidade preenchedora da responsabilidade. Resolvido que esteja, com apelo a um quadro axiológico que permite o recorte de esferas de risco, o problema da imputação da lesão do direito ou do interesse (protegido por uma norma) ao comportamento do agente, a questão que resta é a de saber se um concreto dano pode ou não ser reconduzido àquela lesão. E, para tanto, haveremos de ter em consideração o direito violado ou o interesse preterido.

Ora, é inerente ao direito subjetivo absoluto um dado conteúdo patrimonial, que se traduz numa nota de utilidade. Sempre que ela não possa ser realizada, fruto da intervenção de um estranho à esfera de domínio traçado pelo direito, desenha-se um dano. Este importa a consideração da repercussão que a lesão teve, já não no titular abstratamente configurado, mas na esfera da pessoa realmente lesada, uma vez que esse impacto é variável. Imageticamente, podemos configurar duas esferas. Uma esfera de utilidade geral – traduzida no valor patrimonial do bem objeto do direito e, mais especificamente, compreendida pela análise das diversas faculdades inerentes ao conteúdo do direito – e uma esfera de utilidade particular – colimada naquilo que o concreto titular da posição subjetiva absoluta, dentro do primeiro círculo definido, se propõe realizar. Com base no cotejo destas duas esferas podemos encontrar a essência do que é o dano. E mais do que encontrar a essência do que é o dano[45], podemos encon-

---

45. Cf. Carnelutti. *Il danno e il reato*. Padova: Cedam, 1929, 256 s., afirmando que o dano não atinge o bem em si, mas a conexão da pessoa com o bem, ou seja, a relação existente entre um sujeito que tem uma necessidade e o bem apto a satisfazê-la.

trar aqui um critério de recondução dos danos subsequentes – dos segundos danos – ao dano evento (dano primário ou violação do direito subjetivo que, ao nível da primeira modalidade de ilicitude, assume uma posição charneira em toda a questão imputacional)[46]. A partir dele conseguimos, de facto, saber em que medida é que o que a pessoa perdeu ou aquilo que deixou de ganhar se inscreve ou não na esfera do direito cuja lesão já tinha sido imputada a um determinado sujeito. Note-se que a perda de utilidades do bem se poderá traduzir tanto no prejuízo diretamente sofrido pelo lesado (desvalorização do bem, despesas que teve de efetuar para repor a utilidade do bem, ou reparando-o ou encontrando uma alternativa que, momentaneamente ou não, satisfaça a mesma utilidade), como naquilo que deixou de ganhar, e incluir, ainda, o impacto não patrimonial que gerou. Convoca-se, portanto, a distinção entre os danos emergentes e os lucros cessantes[47].

A partir do momento em que a questão imputacional fica solucionada a montante, e a partir do momento em que o esquema delitual se estrutura com base no direito subjetivo absoluto, podemos encontrar uma baliza que delimite o cotejo patrimonial. Ela passará exatamente pela consideração da esfera de possibilidades aberta pela titularidade daquele direito. Será, aos nossos olhos, dentro desse círculo que se jogarão as coordenadas básicas da determinação da indemnização. No fundo, aproximamo-nos em certa medida da lição de Wilburg que fala de dois círculos que se intersectam de modo a, nesse jogo, estabelecerem o ressarcimento[48].

Para estabelecer a subtração comparativa a que se alude, não temos de hipotizar uma qualquer situação, dependente do curso

---

46. Assim se explica que o titular do direito à indemnização seja o titular do direito violado. Há, porém, exceções. Pense-se no artigo 495º/3 CC. O dano indemnizável é aí correspondente ao montante da obrigação de alimentos que deixou de ser cumprida.
47. Cf., por todos, Antunes Varela. *Das obrigações em geral*, I cit., 598.
48. Cf. Walter Wilburg. Zur Lehre von der Vorteilsausgleichung. *Jehrings Jahrbücher für die Dogmatik des bürgerlichen Rechts*. 1931, v. 81, 128. Cf., ainda, Paulo Mota Pinto. *Interesse contratual negativo e interesse contratual positivo* cit., 810 (que também aflora o problema e recorre às mesmas fontes bibliográficas, falando de uma noção bipartida ou dualista de dano, que cinde um dano direito ou imediato, correspondente ao valor objetivo ou comum, que seria o dano mínimo – *Mindestschaden* – e o dano indireto ou mediato); Robert Neuner. Interesse und Vermögenschaden. *Archiv für die civilistische Praxis*, 133, 1931, 290 s.

CAPÍTULO II • A VIDA COMO UM DANO? **75**

virtual dos acontecimentos, mas antes olhar para o que em concreto o direito potenciaria ao seu titular (fruto da recondução do seu interesse específico ao núcleo de faculdades que compõem o seu conteúdo) e o que ele potencia: a pessoa não consegue satisfazer a necessidade, a pessoa tem de lançar mão de outros mecanismos alternativos para o fazer, tendo com isso despesas, a pessoa tem de reparar o bem objeto do direito, a pessoa deixa de obter uma vantagem que era assegurada por aquele direito[49]. Esta é a situação patrimonial do lesado, que deve ser fixada no último momento processualmente possível. A situação que a vítima teria se nessa data não existissem danos seria a situação decorrente da plena realização do seu interesse, para o que se deverá atender às circunstâncias concretas detidas pelo titular do direito, dispensando-se, assim, um novo olhar sobre a fórmula da diferença

---

49. Alguns autores preocupam-se em distinguir o lucro cessante das perdas de vantagens resultantes do uso da coisa – nesse sentido, cf. a chamada de atenção de Paulo Mota Pinto. *Interesse contratual* cit., 1088, nota 3058. Veja-se, a este propósito, a posição de Gomes da Silva. *O dever de prestar*, 74 s., que falava de danos emergentes, de gastos extraordinários, de desaproveitamento de despesas e de lucros cessantes.

O lucro cessante é caracterizado como "os benefícios que o lesado deixou de obter em consequência da lesão", nos termos do artigo 564º CC, preceito que estabelece a indemnizabilidade de tais danos. Há, contudo, exceções (embora reveladas apenas no contexto contratual – cf. artigos 899º, 900º/2, 909º, 910º/2 CC) a esta regra, razão pela qual importa distinguir os danos emergentes dos lucros cessantes. Para uma consideração da importância prática da cisão, cf. Paulo Mota Pinto. *Interesse contratual* cit., n. 3061).

Para o acompanhamento da distinção operada pelos diversos autores, cf. Antunes Varela. *Das obrigações em geral*, I cit., 599 s. (considerando que o dano emergente compreende o prejuízo causado nos bens ou nos direitos já existentes na titularidade do lesado à data da lesão e que o lucro cessante abrange os benefícios que o lesado deixou de obter por causa do facto ilícito, e recusando que o lucro cessante pressuponha já a existência, no momento da lesão, de um direito ao ganho que se frustrou); Pereira Coelho. *O problema da causa virtual na responsabilidade civil*. Almedina, 1998, 91 s., n. 43 e 240, n. 19; Pessoa Jorge. *Ensaio, sobre os pressupostos da responsabilidade civil*. Coimbra: Almedina, 1999, 378 s.; Rui de Alarcão. *Direito das obrigações*. Coimbra, 1983, 229 s.; Almeida Costa. *Direito das obrigações* cit., 546; Paulo Mota Pinto. *Interesse contratual* cit., 1089 s., dando-se preferência a um critério jurídico em detrimento de um critério económico (que levaria "a um alargamento da noção de dano emergente de forma a incluir todas as utilidades futuras e simples expectativas de aquisição"); Menezes Cordeiro. *Direito das obrigações*, II, 295 s.; Menezes Leitão. *Direito das obrigações*, I. Coimbra: Almedina, 2009, 345 s.; Pedro Romano Martinez. *Direito das obrigações*. Apontamentos. Lisboa, 2004, 102; Inocêncio Galvão Telles. *Direito das Obrigações*. 7. ed. Coimbra: Coimbra Ed., 2010, 377; Ribeiro de Faria. *Direito das Obrigações*, I. Coimbra: Almedina, 2003, 482 s.

consagrada no artigo 566º/2 CC, quando em causa esteja a lesão de um direito subjetivo absoluto[50].

Assim, há que, em primeiro lugar, saber se os prejuízos experimentados – os danos consequenciais que se verificam – podem ou não ser reconduzidos à violação do direito subjetivo absoluto. Cremos que a compreensão deste sob a ótica do interesse/utilidade, ainda que em termos definitórios se não adira à conceção de Ihering, nos dota de um importante expediente categorial no sentido de cumprir o nosso desiderato. Há que ser, contudo, cautelosos. Na verdade, não podemos com isto correr o risco de funcionalização do direito, pelo que o juízo a encetar há de basear-se em duas grandezas: por um lado, olhamos para as faculdades inerentes ao tipo subjetivo em causa; por outro lado, olhamos para o concreto interesse do lesado (a utilidade particular), para depois concluir se a utilidade perdida se integra ou não no círculo de utilidades potenciadas pelo direito. Neste jogo comparatístico, pode acontecer que haja, da parte do titular da posição jus-subjetiva vantajosa, um interesse específico que ultrapasse a comum utilização que se faz do bem. Desde que não extrapole as faculdades inerentes ao conteúdo do direito, a não realização do interesse não pode deixar de ser vista como um dano reconduzível ao evento lesivo. No fundo, o que se pretende dizer é que a ponderação probabilística típica do critério da adequação cede lugar a um juízo funcional de pertinência à esfera de influência do direito.

Do ponto de vista da segunda modalidade de ilicitude, o dano ressarcível corresponde ao impacto que a lesão do interesse tutelado pela norma tem na esfera particular do titular daquele. Do mesmo modo, no tocante à responsabilidade contratual, o dano ressarcível corresponde ao impacto que a preterição do interesse contratual tem na esfera do credor.

Compreendidos – embora em termos propositadamente simplificados – estes dados, há que recordar que, do ponto de vista da fundamentação da responsabilidade, apenas conseguimos fundá-la contratualmente ou, delitualmente, no caso de conceção indesejada. A memória disponível desta restrição fundacional – a afastar o filho da titularidade da pretensão indemnizatória que possa ser deduzida

---

50. Cf., a este propósito, Menezes Cordeiro. *Tratado*, II/III cit., 728.

CAPÍTULO II • A VIDA COMO UM DANO? **77**

– é fundamental tanto quanto o preenchimento da responsabilidade fica dependente da estrutura do ilícito com que se lida.

Extracontratualmente, concluiu-se que apenas poderia haver abertura à consideração de uma eventual indemnização nas hipóteses de *wrongful conception* ou *wrongful pregnacy actions*. Na impossibilidade de se configurar a vida do filho (deficiente ou não) como um dano, é o dano do planeamento familiar que é tido em conta, a refratar-se nos danos patrimoniais associados ao sustento da criança e aos danos não patrimoniais decorrentes do nascimento indesejado. Qualquer um deles tem de ser reconduzido à lesão do direito à autodeterminação da maternidade/paternidade. A recondução a que se alude só é possível, contudo, se se configurar o filho como um dano. No que respeita aos danos patrimoniais, tal é evidenciado não só pela estrutura da imputação de que se cura, já que as despesas em causa têm de ser ponderadas em função dos custos de sustento com a criança e, eventualmente, das perdas de rendimentos futuros pelo condicionamento que um filho envolve, como pela discussão aberta na doutrina acerca da viabilidade de se compensarem as perdas patrimoniais com vantagens imateriais que o novo ser proporcione[51].

Traduzindo-se os danos não patrimoniais em danos que não são suscetíveis de avaliação pecuniária, eles podem resultar quer da preterição de direitos de natureza pessoal, quer da lesão de direitos de natureza patrimonial[52]. A sua emergência explica-se como

---

51. Cf. a decisão do Landsgericht de Düsseldorf de 2 de Dezembro de 1993, apud Paulo Mota Pinto. Indemnização em caso de nascimento indevido e de vida indevida ("wrongful birth" e "wrongful life") cit., 768, n. 84. A propósito das vantagens imateriais, cf., ainda, H. Lange; G. Schiemann. *Handbuch des Schuldrechts, Schadensersatz*, 3. Aufl., Mohr, Tübingen, 2003, 336 s.

52. Não existe, portanto, uma perfeita continuidade entre a natureza do direito violado e a natureza dos danos que emergem. O carácter patrimonial ou não patrimonial se afere em relação ao dano propriamente dito e não em relação à natureza do direito ou interesse lesado. Quer isto dizer que o direito lesado pode ser de natureza patrimonial e o dano que resulta ser não patrimonial; sendo o inverso igualmente verdadeiro. A lesão da integridade física pode gerar um dano de tipo patrimonial, a par de danos não patrimoniais; a lesão do direito de propriedade pode dar ocasião a um dano não patrimonial (em virtude da ligação afetiva que o proprietário tinha com a coisa, por exemplo). O dado pode explicar-se por o direito ou interesse legalmente protegido integrarem no seu âmbito interesses/situações vantajosas de tipo patrimonial, moral e espiritual. Sobre o ponto, cf. Menezes Cordeiro. *Tratado II/III* cit., 513; Antunes Varela. *Das obrigações* cit., 603; Pinto Monteiro. Sobre a reparação dos danos morais. *Revista Portuguesa do Dano Corporal*, ano 1, n. 1, 1992, 17 s.; Menezes Leitão, "A reparação

resultado da dimensão axiológica do direito subjetivo que, para lá do seu conteúdo concreto, apresenta uma ligação estreita à pessoa, à qual vai buscar o seu sentido e fundamentos últimos[53]. Mas pode explicar-se, igualmente, noutras situações, pela preterição de uma ou mais faculdades inerentes ao conteúdo do direito subjetivo violado. Se no primeiro caso somos confrontados com os danos morais (propriamente ditos), a traduzir-se em dores, angústia, ansiedade,

---

de danos emergentes de acidentes de trabalho", *Temas Laborais, Estudos e pareceres*, Almedina, Coimbra, 2006, 32.

A este propósito convém, no entanto, tecer alguns esclarecimentos adicionais.

Em primeiro lugar, a posição que apresentamos em texto parece não ser unânime. Ainda que os autores aceitem que a partir da lesão de direitos de natureza pessoal podem surgir danos patrimoniais, parecem ligar insofismavelmente a existência de danos não patrimoniais à preterição de posições subjetivas de natureza pessoal. Sobre o ponto, cf. Antunes Varela. *Das obrigações*, I cit., 601 s.; Maria Manuel Veloso. Danos não patrimoniais. *Comemorações dos 35 anos do Código Civil e dos 25 anos da Reforma de 1977*, III. Direito das obrigações. Coimbra: Almedina, 2007, 499; Almeida Costa. *Direito das Obrigações* cit., 602 s. Por outro lado, partindo da diferenciação entre os danos não patrimoniais e os danos morais, patenteiam-se dúvidas na doutrina acerca da possibilidade de se indemnizarem os segundos por referência às lesões de direitos patrimoniais. Em causa estaria o chamado dano de afeição, levantando-se em relação a ele objeções não só do ponto de vista conceptual e de princípio, como também em face dos requisitos impostos pelo artigo 496º CC. Muitos autores duvidam, na verdade, da viabilidade de o chamado dano de afeição poder ser qualificado como grave e merecer a tutela do direito. Se é certo que a regra poderá ser o não cumprimento dos pressupostos de compensação dos danos morais, nada impede que, caso o dano seja em concreto grave e mereça a tutela do direito, possa haver direito a uma indemnização. Pense-se, por exemplo, no caso da destruição de um computador através do qual os pais conversam com o filho que vive num país distante, ou no caso de destruição de uma joia de família que tinha sido oferecida pelo pai falecido. Em face do novo artigo 493º-A CC, sem embargo das múltiplas críticas que se podem tecer em termos sistemáticos e dogmáticos ao preceito, parece que o nosso ordenamento jurídico acolhe expressamente a possibilidade de se indemnizar o dano de afeição. Para outras considerações acerca da responsabilidade civil por lesão de um animal, cf. Filipe Albuquerque Matos; Mafalda Miranda Barbosa. *O novo estatuto jurídico dos animais*. Gestlegal, 2018, 119 s. (de notar que, na obra em questão, se sublinham as divergências dos autores no que respeita ao dano de afeição). Sobre o dano de afeição no direito português mais antigo, cf., numa perspetiva crítica da categoria (admitida ao nível das ordenações filipinas), Cunha Gonçalves. *Tratado de Direito Civil em comentário ao Código Civil Português*, XIII. Coimbra: Coimbra Ed., 1939, 530 s.

In fine, sublinhe-se que a possibilidade de o dano não patrimonial resultar da lesão de um direito avaliável em dinheiro resulta do facto de este poder integrar no seu conteúdo interesses de natureza pessoal e a possibilidade de o dano patrimonial resultar da lesão de um direito de natureza pessoal resulta do facto de este poder ter um conteúdo de destinação suscetível de aproveitamento económico.

53. Sobre o ponto, cf. Sandra Passinhas. *Propriedade e personalidade no direito civil português*. Coimbra, 2016.

sofrimento; no segundo caso, lidamos com danos extrapatrimoniais (de que aqueles são apenas uma categoria)[54]. Nos casos que nos orientam, integramo-nos na primeira hipótese considerada. Só que a ligação entre o direito subjetivo e a pessoalidade que o fundamenta, ao implicar a abertura ao outro, que nos dirige uma pretensão de respeito e pelo qual nos reconhecemos como absolutamente dignos, exclui a possibilidade de se pensar, a este nível, em danos não avaliáveis em dinheiro que sejam merecedores da tutela do direito; e isto independentemente de a criança nascer saudável ou não.

Contratualmente, o contraente lesado tem direito a ser colocado na posição em que estaria se não tivesse celebrado o contrato. Poder-se-ia, portanto, pensar que não teria de suportar as despesas em questão, que assim seriam passíveis de ser ressarcidas. Simplesmente, o médico não se obriga a salvaguardar os interesses patrimoniais do lesado; antes a impedir que haja uma gravidez indesejada. Donde a indemnização dos danos patrimoniais só faria sentido se o próprio filho fosse considerado um dano, algo que já vimos ser absolutamente inviável. Isto quer dizer que, embora em termos meramente técnicos e operativos, houvesse a possibilidade de indemnização de tais pretensões no quadro da responsabilidade contratual, o sentido ético-axiológico do ordenamento parece opor-se a tal solução.

Tal não obsta a que, se assim se justificar em face das condições do agregado familiar, haja uma solução de tipo securitário que ampare a vida do filho deficiente ou não nascido. É que, por essa via, não há necessidade de chancelar uma conduta humana como desvaliosa, sequer de discernir um dano; o montante patrimonial atribuído ou atribuível não pretende apagar uma vida tida por indigna mas a garantir, face à debilidade, uma real igualdade de oportunidades na vida societária e, ademais, o desenvolvimento da própria vida e da personalidade que lhe está subjacente. Esta foi, aliás, a solução pensada no ordenamento jurídico francês, no quadro da *Loi Kouchner*.

---

54. Cf. Pinto Monteiro. Sobre a reparação dos danos morais cit., 17 s.; Maria Manuel Veloso. Danos não patrimoniais cit, 498; Almeida Costa, *Direito das Obrigações* cit., 601, n. 1.

5. O FIM DA VIDA E A CONSIDERAÇÃO DESTA COMO UM DANO

Considerámos, fundadamente, que a vida própria não pode ser, por razões ético-axiológicas, vista como um dano. Mas fomos mais longe para sustentar, tendo em conta a reflexão sobre o que é o preenchimento da responsabilidade, que os danos patrimoniais e não patrimoniais não podem ser indemnizados a este nível. A posição é claramente minoritária. Não obstante, ela parece encontrar eco numa recente decisão do BGH, na qual se questiona se a vida pode ser entendida como um dano. O *Bundesgerichtshof*[55]considerou que não havia direito a uma indemnização no caso em que o filho demandou o médico que tinha tratado do seu pai no final da vida deste, com fundamento no prolongamento indevido da mesma. Entendeu o autor, representante legal do pai durante a demência que o acometeu, que, na falta de qualquer expectativa de cura, o médico deveria ter submetido o seu pai a tratamentos paliativos, ao invés de lhe prolongar artificialmente a vida e, com isso, o sofrimento. Veio, por isso, exigir uma indemnização correspondente ao dano não patrimonial: a continuidade da vida inútil. O BGH indeferiu a pretensão. Para o Supremo Tribunal Alemão, a vida humana, sendo o bem jurídico mais digno, merece sempre conservação, não podendo ser feito por um terceiro qualquer juízo acerca do seu valor. Em caso algum é possível ver a vida como um dano. Por outro lado, no que respeita a danos patrimoniais, o *Bundesgerichtshof* sustentou que os deveres de informação que foram em concretos violados pelo profissional de saúde não têm como finalidade evitar prejuízos financeiros relacionados com o prolongamento da vida. O problema aqui não diz respeito ao dano, mas ao nexo de imputação, chamando-se à colação a teoria do escopo da norma/dever violada/o[56]. O problema extravasa o âmbito de relevância das *wrongful life*, das *wrongful birth* e das *wrongful pregnacy actions*, mas permite-nos perceber que a tentativa de contornar a dificuldade de ver a vida como um dano pela chamada à colação de outros danos subsequentes esbarra com o obstáculo intransponível

---

55. BGH VI ZR 13/18, de 2-4-2019, http://juris.bundesgerichtshof.de/cgi-bin/rechtsprechung/document.py?Gericht=bgh&Art=en&az=VI%20ZR%2013/18&nr=95016.
56. O aresto já tinha sido por nós noticiado em http://revistadireitoresponsabilidade. pt/2019/bgh-vi-zr-13-18-de-2-4-2019/.

CAPÍTULO II • A VIDA COMO UM DANO? | 81

da necessidade de considerar os interesses protegidos, e bem assim da necessidade de recondução desses prejuízos aos danos ditos evento que se possam verificar, o que não é viável sem a consideração da vida como um dano. Trata-se, portanto, de uma decisão importantíssima que não pode ser ignorada. A jurisprudência do BGH oferece um argumento importante para garantir que o médico que recuse a prática da eutanásia – se e quando ela for legalizada[57] – não venha a

---

57. Defendemos que a eutanásia – a morte a pedido – não pode ser aceite num ordenamento jurídico que se queira de direito e do direito. Se na base da invocação do direito a morrer está uma ideia de autonomia, o problema que se tem de enfrentar é o de saber se na autonomia da pessoa cabe a decisão de deixar de viver. E se assim é, então, o problema com que lidamos é o do sentido da própria autonomia. Cf., num texto rico de referências filosóficas, A. Castanheira Neves. Arguição nas provas de agregação do Doutor José Francisco de Faria Costa – comentário crítico à lição O fim da vida e o direito penal. *Digesta*, v. 3, Coimbra: Coimbra Ed., 2010, 618 s. E para tal duas são as perspetivas que assomam no horizonte discursivo: um sentido individualístico, que encerra a pessoa sobre si mesma; e um sentido pessoalista, que convoca uma dimensão ética de responsabilidade comunitária (pelo outro, perante o outro) e de responsabilidade por si mesmo. Para a primeira perspetiva, o direito a morrer seria absolutamente legítimo, por aquele indivíduo reivindicar para si uma liberdade negativa de ausência de constrição, muitas vezes traduzida num direito a estar só; para a segunda perspetiva, o direito a morrer seria absolutamente ilegítimo. A liberdade poder ser entendida num sentido individualístico, empobrecedor, como uma mera ausência de constrição heterónoma. O homem, tido por autossuficiente, é compreendido, nesse quadro, como um ente que se situa antes de qualquer contacto social, um indivíduo, em confronto com os demais – tidos como obstáculos à realização das suas aspirações – e com o Estado. A grande preocupação que avulta é, portanto, a da limitação do poder daquele – forjado com base no mecanismo do contrato, através do qual o indivíduo lhe transfere parte dos seus direitos, de modo a garantir a ordem e sair do estado de natureza – e qualquer imposição ou proibição surge como anómala, como uma limitação da vontade do indivíduo. A liberdade seria, então, a mera liberdade negativa. A ela associar-se-ia uma ideia de liberdade positiva, entendida como autonomia ou poder de autodeterminação, e caracterizada pela possibilidade de opção entre diversas alternativas de ação. Sem que, contudo, essa liberdade positiva seja, também ela, sempre adequadamente compreendida, já que nenhum fundamento postula para a escolha que se haverá de operar. A eutanásia livre representaria isso mesmo, uma forma de exercício da autonomia, ainda que de um modo radical e inultrapassável. Contudo, esta ideia de liberdade só seria defensável se olhássemos para o direito como uma pura forma, totalmente dependente da *voluntas* do legislador. Simplesmente, o direito não pode ficar dependente da pura vontade (tendencialmente arbitrária) do legislador, nem se sustenta num ficcional consenso *a priori* ou num dialógico consenso *a posteriori*. Antes implica uma pressuposição ético-axiológica. De outro modo, correríamos o risco de forjar uma ordem regulativa – como foram muitas ordens ordenadoras de condutas – que, ainda que formalmente fosse uma ordem de direito, não seria uma ordem do direito. O relativismo como expressão do pluralismo conduzir-nos-ia à renúncia do próprio direito. Se o direito não pode ser compreendido direito como pura forma, na total dependência da *voluntas* do legislador, sempre tendencialmente arbi-

trária, isso implica também a impossibilidade de a liberdade – no direito – ser ancorada na pura vontade subjetiva do agente decisor, sob pena de se chancelar como valiosa uma conduta materialmente desvaliosa só porque vestida com a capa formal da liberdade e, com isso, se contrariar a intencionalidade do próprio jurídico. A ação livre não pode, pois, continuar a ser vista na solidão atomizante do homem-vazio que atende à sua vontade no sentido instintivo do seu ser. O posso, quero e mando em que ela se vem a traduzir desvirtua a dimensão em que se polariza e converte um valor num não-valor. A escolha livre deve, então, ser vista como a decisão que, na autodeterminação pessoal, não olvida a essência predicativa do ser pessoa. Ligando o modo como concebemos a liberdade a uma dada conceção de juridicidade, cf. A. Castanheira Neves. Pessoa, direito e responsabilidade. *Revista Portuguesa de Ciência Criminal*, n. 6, 1996, 17. Dito de outro modo, a liberdade só o é verdadeiramente, enquanto dimensão ontológica da pessoa, se ela não se descaracterizar, isto é, se for e enquanto for a manifestação da pessoalidade de quem a reivindica. No fundo, o que se pretende salientar é que a liberdade não se reduz a um decidir no vago entre duas possibilidades de ação, porque isso não distinguiria, verdadeiramente, o homem de qualquer outro animal. A decisão livre implica – não sendo possível nunca a redução da complexidade da eleição pelo absoluto conhecimento das consequências da ação – um salto qualitativo que, na sua radicalidade, e com toda a angústia mínima ou máxima que carrega, não pode ser dado no vazio, antes implicando uma referência de sentido: a pressuposição de algo, numa perspetiva empírica do tipo analógico, que, transcendendo a própria vontade arbitrária (ou a dimensão instintiva do desejo), o sustente. É por isso que uma decisão – qualquer que ela seja – pode ser explicada e fundamentada, havendo infindáveis – e quantas vezes insindicáveis – motivos para cumprir tal desiderato. Só que, do ponto de vista ético e jurídico – já que este faz apelo ao primeiro –, torna-se improcedente o acolhimento da panóplia global de motivações individuais, na medida em que tal implicaria desconsiderar o cerne da pessoalidade em que ambas as ordens normativas se colimam. Donde resultam duas consequências. Do ponto de vista da liberdade, se esta é um atributo essencial da pessoa, o seu uso em contradição com a eticidade que a enforma e informa implica uma degradação da própria liberdade. Por outro turno, do prisma da fundamentação do jurídico e da judicativa realização em que ele se cumpre, o desvalioso – porque contrário à dignidade da pessoa humana – não pode ser chancelado, num autismo obnubilador da axiologia fundamentante, como valioso por mero apelo a uma carapaça formal. Cf. Castanheira Neves. *Questão de facto e questão de direito ou o problema metodológico da juridicidade (ensaio de uma reposição crítica)*. A Crise. Coimbra: Almedina, 1967, 472 a 474. esta liberdade, porque a ela recorremos na pressuposição da leitura ético-axiológica do dado ontológico, não é mera definição de uma esfera de não interferência do outro, sequer uma estrita possibilidade de escolha entre possibilidades de ação que olvide o outro – o *tu* – que, com a sua pretensão de respeito, e o convite à abertura de pontes de solidariedade comunicantes entre humanos, permite o reconhecimento da ineliminável dignidade ética do *eu*. É antes uma liberdade eticamente informada e enformada. Ora, com o exercício da autonomia que pretende fundamentar o fim da própria vida, o homem nega o seu estatuto de pessoa, porque corta radicalmente a ligação com o outro, que o permite ser na sua integral dignidade. Amputa os outros do eu, pelo que não poderá configurar o exercício de uma liberdade, mas o abuso de uma liberdade. O homem pessoa é comunitariamente responsável pelo outro, perante o outro e por si. Ao pedir para morrer, impede os outros do exercício da responsabilidade em relação a si, priva-os de uma dimensão essencial da sua humanidade, impedindo-os de se reconhecerem na sua integral dignidade que também é desvelada na fragilidade do corpo e da mente, pelo que a legalização da eutanásia deixa de ser compatível com o próprio sentido do direito. A descoberta do sentido do direito a implicar a compreensão da liberdade em termos ético--axiologicamente cunhados não pode deixar de ter consequências no plano dogmático. A primeira delas passa pela consideração de que não existe um direito a morrer. Não é possível conceber um direito da pessoa que leve à destruição da própria pessoa, porque tal contraria a própria estrutura axiológica do direito, sendo a norma que o previsse uma lei injusta, no sentido metodológico do termo. Um direito a morrer é um não direito, tal como o não é o direito a ficar doente ou o direito a perder a liberdade.

Muitos haverá que defendem a eutanásia por motivos piedosos, por um falso sentido de compaixão, do qual não se apercebem. Importa, por isso, enfrentar a derradeira reflexão. Não será possível olhar para a eutanásia de uma outra perspetiva, invocando-se a ideia de morte digna e de qualidade de vida? A este propósito, Castanheira Neves evidencia a inadmissibilidade de tal perspetiva, recuperando argumentos incontornáveis de pendor filosófico. De acordo com a sua explicitação, "sabe-se da origem histórica do conceito. Desde o seu primeiro uso por Nietzsche (que num radical biologismo defendia o abandono da vida desde que inútil e com sofrimento), passando pela proposta brutal e, surpreendamo-nos, de um célebre jurista e penalista, nada menos nada mais do que Karl Binding, que (...) proclamava que a sociedade teria o direito de libertar-se do peso económico de uma vida indigna (...), proposta esta da eutanásia (...) que havia de encontrar consagração nas leis eugénicas do nacional-socialismo". Castanheira Neves. Arguição nas provas de agregação do Doutor José Francisco de Faria Costa cit., 614. E se é certo que o autor esclarece que outros são os entendimentos derramados atualmente sobre o conceito de qualidade de vida – designadamente aqueles que nos são comunicados por uma racionalidade de pendor funcionalista – não menos seguro é que também esses prismas são por si afastados, por implicarem que a qualidade de vida funcionaria como condição suspensiva do respeito que cada ser humano merece. Vejamos, agora através do nosso verbo: a ideia de dignidade de vida para justificar o pedido de morte faz inculcar a ideia de uma vida indigna, o que põe em causa o princípio da dignidade da pessoa humana, que não comporta exceções ou gradações. Na verdade, se apenas alguns podem, de acordo com as circunstâncias, pedir para morrer, isso significa que apenas esses são os que não possuem qualidade de vida que a torne inviolável. Com isto, o ordenamento jurídico passa a considerar duas categorias de pessoas: as pessoas dignas, que têm de ser protegidas contra elas próprias, não podendo atentar contra a sua vida ou pedir para morrer; e as pessoas com uma vida indigna que podem solicitar o aniquilamento da sua existência. Além disso, pergunta-se: quem pode decidir que vidas são ou não dignas. É claro que o pedido de morte é feito pelo titular do direito, pelo que a vida humana é ajuizada pelo próprio e não por um terceiro, mas é um terceiro (o legislador) que fixa *a priori* as condições com base nas quais cada um pode ajuizar se quer ou não renunciar ao seu direito à vida, pelo que, previamente, será o Estado a definir quem é e quem não é digno. E se a qualidade de vida que se chama à colação é agora funcionalista, este não deixa de ser, por um lado, um funcionalismo desumanizador que procura esconder o sofrimento e lhe retira qualquer sentido, dando a entender que a dignidade da pessoa não radica nela própria, mas nas circunstâncias que a rodeiam, e, por outro lado, um funcionalismo perigoso, que abre as portas a uma racionalidade eficientista de pendor económico, oferecendo aos Estados a solução mais fácil – mas ainda assim mais aterradora – para os problemas do défice na segurança social e na saúde.

Outros argumentos podem, ainda, ser aduzidos.

Estando em causa, na invocação do direito a morrer, um direito que tem por objeto uma dimensão da própria pessoa – independentemente, agora e para estes efeitos discursivos, da configuração exata dela –, ele não pode deixar de se inserir na categoria dos direitos de personalidade. Ora, o direito de personalidade, qualquer que ele seja, tem um determinado fundamento: a pessoa, na sua ineliminável dignidade ética. Por isso, não é possível invocar um direito que contrarie a sua estrutura valorativa. Apesar de conceptualmente o direito subjetivo continuar a assentar num poder de vontade, na esteira das propostas de Savingy e do afastamento da teoria do interesse de Iherging, aquele não consubstancia, nem pode consubstanciar, uma vontade arbitrária e sem sentido, mas há-de traduzir necessariamente uma vontade axiologicamente sustentada. O que quer dizer que, estando em causa um direito de personalidade, o homem não passa – por ser seu titular – a deter um poder absoluto sobre si mesmo, transformando-se num escravo de si próprio, porque o homem que o titula é pessoa e, como tal, o seu exercício há-de estar em consonância com a estrutura valorativa em que se funda. É claro que existe a possibilidade de se limitarem voluntariamente os direitos de personalidade. Mas, o ordenamento jurídico estabelece limites para o próprio consentimento: ele não pode ser contrário, sob pena de nulidade e nos termos do artigo 81º CC, aos princípios de ordem pública, e, nos termos do artigo 340º/2 CC, não pode violar os bons costumes. Ora, mesmo não concretizando as cláusulas gerais mobilizadas, haveremos de considerar que se se admite a morte a pedido, com fundamento no consentimento, deixa de haver limites para a figura, que pode passar a ser convocada de acordo com a vontade arbitrária do titular dos direitos de personalidade, que, assim, se tornam renunciáveis. Em última instância, isto conduziria ao desaparecimento do próprio direito tal-qual o conhecemos. Na verdade, o ordenamento jurídico que aceite a morte a pedido haverá de admitir que o sujeito ampute as suas pernas e braços por meras razões estéticas (ainda que de gosto duvidoso) ou que o sujeito queira ser escravo de alguém, privando-se da sua liberdade. Acresce que o consentimento a que nos referimos tem de ser livre. Mas pergunta-se se uma pessoa que se encontra numa situação de profundo sofrimento – aquela que, de acordo com os projetos de lei em discussão, é contemplada, para já, pelos defensores da eutanásia – tem o perfeito domínio da vontade para poder formar um consentimento livre. Repare-se, aliás, na contradição valorativa em que, a ser legalizado o comportamento, o ordenamento jurídico se deixaria enredar. O artigo 2194º CC determina que é nula a disposição a favor do médico ou enfermeiro que tratar o testador, ou do sacerdote que lhe prestar assistência espiritual, se o testamento for feito durante a doença e o seu autor vier a falecer dela. A mesma invalidade é pensada para as doações que em que sejam donatárias as mesmas pessoas e que sejam celebradas nas mesmas condições, por força do artigo 953º CC. O ordenamento jurídico entende que, numa situação como esta (de indisponibilidade relativa), a pessoa não tem o total domínio da sua vontade, pelas circunstâncias em que mergulha, de tal modo que pode vir a ser influenciada por aqueles que mais proximamente a auxiliam. Mas este mesmo ordenamento jurídico, uma vez admitida a eutanásia, passa a considerar que, nas mesmas circunstâncias de doença terminal, a pessoa tem do domínio da vontade para prescindir da sua vida, nem sequer equacionando a hipótese de também aí o sujeito poder ser condicionado e negativamente influenciado. No fundo, após a legalização da eutanásia, ver-nos-íamos mergulhados num sistema que protegeria mais fortemente a dimensão patrimonial do que a dimensão pessoal do ser. Mas pergunta-se mais: qual é, afinal, o grau de sofrimento que se exige para que possa ser considerado o pedido para morrer? E como é que ele se mede? Será que o simples sofrimento moral é suficiente? Uma pessoa com uma depressão pode requerer a eutanásia? E, a ser afirmativa a resser responsabilizado pela defesa da vida. Na verdade, se, num caso que poderia situar-se nas fronteiras do encarniçamento terapêutico, a configurar uma má prática médica, e a permitir a desvelação da ilicitude, se afasta a relevância delitual pela ausência de dano, não se duvida que a compensação deve ser rejeitada nas hipóteses efetivas de recusa de eutanásia, porquanto, para além da inexistência de dano, pode cogitar-se a intervenção de uma eventual causa de exclusão da ilicitude do comportamento do médico[58].

---

posta, será que uma pessoa que padece de uma patologia desta natureza, pode formar a sua vontade de um modo livre e são? E não se diga, em desmerecimento do que se questiona, que esta não é uma possibilidade por não estar contemplada nos projetos lei que serão em breve discutidos. É que também além-fronteiras se começou por tentar face ao sofrimento físico e, posteriormente, o âmbito de aplicação da permissão foi amplamente alargado em termos subjetivos, permitindo-se em alguns países a eutanásia de crianças e deficientes (a fazer-nos resvalar para hipóteses de eutanásia involuntária), de pessoas cansadas de viver, de pessoa inadaptadas às condições da vida moderna, naquilo que já é dramaticamente apelidado por imparável rampa deslizante.

58. Quando convocamos o conceito de eutanásia, não falamos de situações em que a pessoa está cerebralmente morta (e, portanto, juridicamente morta, já que o conceito legal de morte é a cessação de funções do tronco cerebral, a determinar o termo da personalidade jurídica, de acordo com o artigo 68º C.C.), mesmo que se encontre, ainda, ligada a um suporte de vida (designadamente para efeitos de transplantação de órgãos); não falamos de situações de combate à obstinação terapêutica; nem falamos de situações em que o médico ministra certos medicamentos ao paciente (para alívio das dores e do sofrimento), que podem ter como consequência lateral o encurtamento da sua vida. A eutanásia, ao invés, corresponde a dar a morte a alguém, antecipadamente, a pedido da própria pessoa (daí que se fale de eutanásia voluntária, que é a única – para já e contra aquela que parece ser a consequência da rampa deslizante a que se assiste noutras latitudes onde o fenómeno foi liberalizado), quando esta se encontre em determinadas circunstâncias, o que significa que o sujeito não pode abdicar de viver em qualquer caso, mas apenas naquelas hipóteses que são previstas pelo legislador, o que, portanto, nos remete para a anunciada questão da autonomia. O encarniçamento terapêutico é entendido, neste contexto, visto como uma má prática médica.

ser responsabilizado pela defesa da vida. Na verdade, no caso que poderia situar-se nas fronteiras de encarniçamento terapêutico – a eutanásia – uma má prática médica, e a permitir a desvelação da licitude se afasta a levíssima delitual pela ausência de dano, não se duvida que a compensação deve ser rejeitada nas hipóteses elevadas de recusa de eutanásia, porquanto, para além da inexistência de dano, pode cogitar-se a interverção de uma eventual causa de exclusão da licitude do comportamento do médico.

REFERÊNCIAS

ALARCÃO, Rui de. *Direito das obrigações*. Coimbra, 1983.

AMARAL, Francisco. A condição jurídica do nascituro no direito brasileiro. *Direito e Justiça*. 2008.

ANDRADE, Manuel de. *Teoria Geral da Relação Jurídica*, I. Coimbra, 1992.

ANDRADE, Manuel da Costa. O aborto como problema de política criminal. *Revista da Ordem dos Advogados*. 1979.

ASCENSÃO, José de Oliveira. Direito e Bioética. *Direito da Saúde e Bioética*. Lisboa: Lex, 1991.

ASCENSÃO, José Oliveira. *Direito Civil – Teoria Geral*. Coimbra: Coimbra Ed., 2000. v. I.

ASCENSÃO, José Oliveira. O início da vida. *Estudos de Direito da Bioética*. Coimbra: Almedina, 2008, v. 2.

BARBOSA, Mafalda Miranda. Em busca da congruência perdida em matéria da proteção da vida do nascituro – a perspetiva juscivilística. *Boletim da Faculdade de Direito*, v. 92, t. I, 2016.

BARBOSA, Mafalda Miranda. Breve reflexão acerca do problema do estatuto jurídico dos animais: perspetiva juscivilista. *Boletim da Faculdade de Direito*, 89/I.

BARBOSA, Mafalda Miranda; ÁLVAREZ, Tomás Prieto. *O Direito ao livre desenvolvimento da personalidade*. Sentido e limites. Gestlegal, 2020.

BARBOSA, Mafalda Miranda. A (im)pertinência da autonomização dos danos puramente morais? Considerações a propósito dos danos morais reflexos. *Cadernos de Direito Privado*. n. 45. jan./mar. 2014.

BARBOSA, Mafalda Miranda. *Do nexo de causalidade ao nexo de imputação*. Contributo para a compreensão da natureza binária e personalística do requisito causal ao nível da responsabilidade civil extracontratual. Cascais: Princípia, 2013.

BARBOSA, Mafalda Miranda. *Do nexo de causalidade ao nexo de imputação*. Considerações a propósito da natureza binária e personalista do requisito causal ao nível da responsabilidade civil extracontratua. Princípia, 2013.

BARBOSA, Mafalda Miranda. *Lições de responsabilidade civil*. Princípia: 2017.

BARBOSA, Mafalda Miranda. Novas categorias de danos a partir da lesão da integridade física: a busca da originalidade espúria ou um novo sentido do justo? *Revista de Direito da Responsabilidade*, ano 1, 2019.

BARBOSA, Mafalda Miranda. *Responsabilidade civil*: novas perspetivas em matéria de nexo de causalidade. Cascais: Princípia, 2014.

BRONZE, Pinto. *Lições de Introdução ao Direito*. 3. ed. Coimbra: Gestlegal, 2019.

BRONZE, Pinto. *Lições de Introdução ao Direito*. 2. ed. Coimbra: Gestlegal, 2006.

BRÜGGEMEIER, Gert. *Haftungsrecht*: Struktur, Prinzipen, Schutzbereich zur Europäisierung des Privatrechts. Springer, Berlin, Heidelberg, New York, 2006.

CAMPOS, Diogo Leite. A criança-sujeito: a vida intra-uterina. *Nós* – Estudo sobre o direito das pessoas. Coimbra: Almedina, 2004.

CAMPOS. Diogo Leite. O estatuto jurídico do nascituro. *Nós/Estudos sobre o Direito das Pessoas*. Coimbra: Almedina, 2004.

CAMPOS, Diogo Leite. Lições de direitos de personalidade. *Separata do Boletim da Faculdade de Direito*, LXVI, 1990.

CAMPOS, Diogo Leite. O início da pessoa humana e a pessoa jurídica. *Revista da Ordem dos Advogados*, 2001.

CANARIS, Claus-Wilhelm. Schutzgesetze-Verkehrspflichten-Schutzpflichten. *Festschrift für Karl Larenz zum 80*. Geburtstag am 23. April 1983, München, Beck, 1983.

CARNELUTTI. *Il danno e il reato*. Padova: Cedam, 1929.

CARVALHO, Orlando de. *Os direitos do homem no direito civil português*. Coimbra: Textos Vertice, 1973.

CARVALHO, Orlando de. *A teoria geral da relação jurídica*: seu sentido e limites. Centelha, 1981.

CHINELATO, Silmara. O nascituro no código civil e no direito constituendo. *Revista de Direito Civil, Imobiliário, Agrário e Empresarial – Revista dos Tribunais*, 44.

CHINELATO, Silmara. Estatuto jurídico do nascituro: o direito brasileiro. *Direito e Justiça*. 2008.

CHORÃO, Mário Bigotte. O nascituro e a questão do estatuto do embrião humano no direito português. *Estudos em homenagem ao Professor Doutor Pedro Soares Martinez*, I. Coimbra: Almedina, 2000.

CHORÃO, Mário Bigotte. O problema da natureza e tutela jurídica do embrião à luz de uma conceção realista e personalista do direito. *O Direito*, 123, 1991.

COELHO, Pereira. *O problema da causa virtual na responsabilidade civil*. Almedina, 1998.

REFERÊNCIAS **89**

COESTER-WALTIEN, Dagmar. Der Schwangerschaftsabbruch und die Rolle des künftigen Vaters. *Neue Juristische Wochenschrift*, 1985.

CORDEIRO, Menezes. *Direito das obrigações*, II.

CORDEIRO, António Menezes. *Tratado de Direito Civil Português*, I/III. Coimbra: Almedina, 2004.

CORDEIRO, António Menezes. *Tratado de Direito Civil*, IV. 5. ed. com a colaboração de A. Barreto Menezes Cordeiro, 2019.

COSTA, Almeida. *Direito das obrigações*. 12. ed. Coimbra: Almedina, 2009.

COSTA, Almeida. *História do Direito Português*. 2. ed. Coimbra: Almedina, 1996.

COSTA, António Manuel Almeida. Aborto e direito penal. *Revista da Ordem dos Advogados*, 1984.

COSTA, José de Faria. *O perigo em direito penal*. Coimbra: Coimbra Ed., 1992.

COSTA, José Manuel Cardoso da. Genética e pessoa humana – Notas para uma perspetiva jurídica. *Revista da Ordem dos Advogados*, 1991.

DEUTSCH, E.; SPICKHOFF, A. *Medizinrecht*: Arzrecht, Arzeneimittelrecht, Medizinprodukterecht und Transfusionsrecht. Berlin-Heidelberg-Nova Iorque: Springer, 2003.

DIAS, Jorge Figueiredo. *Comentário Conimbricense do Código Penal*. 2. ed. Coimbra: Coimbra Ed., 2012. t. I.

DUFOUR. Rationnel et irrationnel dans l'école du droit historique. *Archives de Philosophie du Droit*, 23, 1978.

DÜSSELDORF, LG. 02.12.1993. *Neue Juristische Wochenschrift*, 1994.

FAERBER, Georg. *Wrongful life* – Die deliktsrechtliche Verantwortlichkeit des Arztes dem Kind gegenüber. Ein rechtsvergleichende Darstellung des amerikanischen, britischen und deutschen Rechts, 1988.

FARIA, Ribeiro de. *Direito das Obrigações*, I. Coimbra: Almedina, 2003.

FEINBERG, Joel. Wrongful life and the counterfactual element in harming. *Freedom and Fullfilment*, 1992.

FERNANDES, Luís Carvalho. *Teoria Geral do Direito Civil*, I. 3. ed. Lisboa: UCP, 2001.

FERREIRA, Dias. *Código Civil Portuguez Annotado*, I. 2. ed. Coimbra: Imprensa da Universidade, 1894.

FINNIS, John. The rights and wrongs of abortion: a reply to Judith Thomson. *Philosophy & Public Affairs*. v. 2, n. 2, 1973.

FRADA, Manuel Carneiro da. A protecção juscivil da vida pré-natal. Sobre o estatuto jurídico do embrião. *Forjar o Direito*. Coimbra: Almedina, 2015.

FRADA, Manuel Carneiro da. A protecção juscivil da vida pré-natal. Sobre o estatuto jurídico do embrião. *Revista da Ordem dos Advogados*. ano 70, v. I/IV, 2010.

FRADA, Manuel Carneiro da. Tutela da personalidade e dano existencial. *A evolução do Direito no século XXI* – Estudos em homenagem ao Professor Arnoldo Wald. Coimbra: Almedina, 2007.

FRADA, Manuel Carneiro da. *Vida e Direito*. 1998.

FRADA, Carneiro da. A vida própria como dano. Perspectivas civis e constitucionais de uma questão-limite. *Revista da Ordem dos Advogados*. ano 68, v. I, 2008.

GARRY, Ann. Abortion: models of responsibility. *Law and Philosophy*. 2, 1983.

GIESEN, Dieter. Schadenbegriff und Menschenwürde. Zur schadenrechtlichen Qualifikation der Unterhaltspflicht für ein ungewolltes Kind. *Juristenzeitung*, 49, Heft 6, 1994.

GONÇALVES, Cunha. *Tratado de Direito Civil em comentário ao Código Civil Português*, XIII. Coimbra: Coimbra Ed., 1939.

GONÇALVES, Diogo Costa. Início da personalidade jurídica e a capacidade jurídica parcial. *Revista de Direito Civil*, 2018.

GONÇALVES, Diogo Costa. Personalidade vs. Capacidade jurídica – um regresso ao monismo conceptual? *Revista da Ordem dos Advogados*, 75, 1, 2015.

GONÇALVES, Diogo Costa. Pessoa e ontologia: uma questão *prévia* da ordem jurídica. *Estudos de Direito da Bioética*. Coimbra: Almedina, 2008. v. 2.

GONÇALVES, Gabriel Órfão. Da personalidade jurídica do nascituro. *Revista da Faculdade de Direito de Lisboa*, 533.

GRUB, Anna. *Schadensersatzansprüche bei Geburt eines behinderten Kindes nach fehlerhafter Pränataldiagnostik in der Spätschwangerschaft*. 2006.

HABERMAS. *Direito e democracia entre facticidade e validade*. Trad. Flávio Beno Siebeneichler. Rio de Janeiro, 2003.

HABERMAS, Jürgen. *O futuro da natureza humana*. A caminho de uma eugenia liberal? Coimbra: Almedina, 2006.

HABERMAS, Jürgen. *O futuro da natureza humana a caminho de uma eugenia liberal?* Almedina, 2006.

HÖRSTER, Henrich Edwald. *A parte geral do Código Civil Português*. Coimbra: Almedina, 2014.

HRUSCHKA, Joachim. Zum Lebenrecht des Foetus in rechtsethischer Sicht. *Juristenzeitung*, 10, 1991.

REFERÊNCIAS 91

JORGE, PESSOA. *Ensaio, sobre os pressupostos da responsabilidade civil*. Coimbra: Almedina, 1999.

LANGE, H.; SCHIEMANN, G. *Handbuch des Schuldrechts, Schadensersatz*, 3. Aufl., Mohr, Tübingen, 2003.

LARENZ, Karl; WOLF, Manfred. *Allgemeiner Teil des Bürgerlichen Rechts*. 9. Aufl, München: Verlag C. H. Beck, 2004.

LARENZ, Karl. *Metodologia da ciência do direito*. 3. ed. Lisboa: Fundação Calouste Gulbenkian, 1997.

LEITÃO, Adelaide Menezes. *Normas de protecção e danos puramente patrimoniais*. Coimbra: Almedina, 2009.

LEITÃO, Menezes. *Direito das obrigações*, I. Coimbra: Almedina, 2009.

LEJEUNE, Christine. *Wrongful life – Das Kind als Vermögensschaden*, 2009.

LIMA, Pires de; VARELA, Antunes. *Código Civil anotado*, I. 4. reimp. Coimbra: Coimbra Ed., 2010.

MAIHOFER. *Recht und Sein. Prolegomena zu einer Rechtsontologie*. Frankfurt: Vitorio Klostermann Verlag, 1954.

MARKESINIS, B.; H. Unberath. *The german law of torts*: a comparative treatise. Oxford: Hart Publishing, 2002.

MARKESINIS, B. Réflexions d'un comparatiste anglais sur et à partir de l'arrêt Perruche. *Revue Trimestrielle de Droit Civil*, 2001.

MARTÍN-CASALS, Miguel; FELIU, Josep Sole. *Responsabilidad civil por la privación de la posibilidad de abortar (wrongful birth)*. Comentario a la STS, 1ª, 18.12.2003, Barcelona, 2004.

MARTINEZ, Pedro Romano. *Direito das obrigações*. Apontamentos. Lisboa, 2004.

MATOS, Filipe Albuquerque; BARBOSA, Mafalda Miranda. *O novo estatuto jurídico dos animais*. Gestlegal, 2018.

MENDES, João Castro. *Teoria Geral do Direito Civil*, I. Lisboa: AAFDL, 1978.

MONCADA, Luís Cabral. *Filosofia do direito e do Estado*. Coimbra: Coimbra Ed.

MONCADA, Cabral. *Lições de Direito Civil*, I. Coimbra, 1932.

MONTEIRO, A. Pinto. Direito a não nascer? Anotação ao Ac. do STJ de 19 de Junho de 2001. *Revista de Legislação e de Jurisprudência*, ano 134. n. 3933, 2002.

MONTEIRO, Fernando Pinto. Direito à não existência, direito a não nascer. *Comemorações dos 35 anos do Código Civil e dos 25 anos da Reforma de 1977 II. A parte geral do código e a teoria geral do direito civil*. Coimbra, 2006.

MONTEIRO, Jorge Sinde. *Responsabilidade por conselhos, recomendações ou informações*. Coimbra: Almedina, 1989.

MONTEIRO, Pinto. Sobre a reparação dos danos morais. *Revista Portuguesa do Dano Corporal*, ano 1, n. 1, 1992.

MOREIRA, G. *Instituições do Direito Civil Português*, I. Parte Geral. Coimbra: Imprensa da Universidade, 1907.

NEUNER, Robert. Interesse und Vermögenschaden. *Archiv für die civilistische Praxis*, 133, 1931.

NEVES, António Castanheira. Coordenadas de uma reflexão sobre o problema universal do direito – ou as condições de emergência do direito como direito. *Digesta* – Escritos acerca do direito, do pensamento jurídico, da sua metodologia e outros. Coimbra: Coimbra Ed., 2008. v. III.

NEVES, António Castanheira. O direito interrogado pelo tempo presente na perspetiva do futuro. *Boletim da Faculdade de Direito*. v. LXXXIII. Coimbra, 2007.

NEVES, António Castanheira. Escola Histórica do Direito. *Digesta, Escritos acerca do direito, do pensamento jurídico, da sua metodologia e outros*. Coimbra: Coimbra Ed., 1995. v. II.

NEVES, António Castanheira. *Questão de facto e questão de direito ou o problema metodológico da juridicidade (ensaio de uma reposição crítica)*. A crise. Coimbra: Almedina, 1967.

NEVES, A. Castanheira. Arguição nas provas de agregação do Doutor José Francisco de Faria Costa – comentário crítico à lição O fim da vida e o direito penal. *Digesta*, v. 3, Coimbra: Coimbra Ed., 2010.

NEVES, Castanheira. Pessoa, direito e responsabilidade. *Revista Portuguesa de Ciência Criminal*, n. 6, 1996.

NEVES, Castanheira. *Questão de facto e questão de direito ou o problema metodológico da juridicidade (ensaio de uma reposição crítica)*. A Crise. Coimbra: Almedina, 1967.

OLIVEIRA, Guilherme de. O direito de diagnóstico pré-natal. *Temas de direito da medicina*. Coimbra, 1999.

OTERO, Paulo. *Direito da Vida* – Referendo sobre o programa, conteúdos e métodos de ensino. Coimbra, 2004.

OTERO, Paulo. *Personalidade e identidade pessoal e genética do ser humano*. Coimbra: Almedina, 1999

PASSINHAS, Sandra. *Propriedade e personalidade no direito civil português*. Coimbra, 2016.

PEL; Christian von Bar. *Non contractual liability arising out of damage caused to another*. Bruylant, 2009.

PEREIRA, André Dias. *O consentimento informado na relação médico-paciente*. Estudo de direito civil. Coimbra, 2004.

PICKER, Eduard. Schadensersatz für das unerwünschte Kind. *Archiv für die civilistische Praxis*, 195, Heft 6, 1995.

PINTO, Paulo Mota. O direito ao livre desenvolvimento da personalidade. *Studia Iuridica 40*. Coimbra: Coimbra Ed., 1999.

PINTO, Paulo Mota. Os direitos de personalidade no Código Civil de Macau. *Boletim da Faculdade de Direito*. 76, 2000.

PINTO, Paulo Mota. Indemnização em caso de nascimento indevido e de vida indevida ("wrongful birth" e "wrongful life"). *Revista Lex Medicinae, Revista Portuguesa de Direito da Saúde*. ano 4. n. 7. Coimbra. Coimbra Ed., 5 a 25.

PINTO, Paulo Mota. Indemnização em caso de nascimento indevido e de vida indevida ("wrongful birth" e "wrongful life"). *Direitos de personalidade e direitos fundamentais, Estudos*. Gestlegal, 2018.

PINTO, Paulo Mota. *Interesse Contratual negativo e interesse contratual positivo*. Coimbra: Coimbra Ed., 2010.

PINTO, Mota. *Teoria Geral do Direito Civil*.

RADBRUCH. La natura delle cose come forma giuridica del pensiero. *Rivista internazionale di filosofia del diritto*, 21, 1941.

REGAN, Donald H. Rewriting Roe v. Wade. *Michigan Law Review*. 77, 1979.

ROTH, Paul A. Personhood, property rights and the permissibility of abortion. *Law and Philosophy*, 2, 1983.

RUDMAN, Stanley. *Concepts of Person and Christian Ethics*. New Studies in Christian Ethics. Cambridge University Press, 1997.

SAVIGNY, Friedrich von. *System des heutigen römanischen Rechts*, I.

SAVIGNY, Friedrich von. *Traité de Droit Romain*. Frimin Didot Frères. Paris, 1841.

SCHÜNEMANN, Hermann. Schadenersatz für mißgebildete Kinder bei fehlerhafter genetischer Beratung Schwangerer? *Juristenzeitung*, 17, 1981.

SERRA, Vaz. Requisitos da responsabilidade civil. *Boletim do Ministério da Justiça*, n. 92.

SILVA, Gomes da. *O dever de prestar.*

SINGER, Peter. *Ética Prática*. Gradiva, 1993.

SHRIFFRIN, Seana Valentine. Wrongful Life, Procreative Responsibility and the Significance of Harm. *Legal Theory*, 5, 1999.

SOUSA, Rabindranath Capelo de. *O direito geral de personalidade*. Coimbra: Coimbra Ed., 1995.

SOUSA, Rabindranath Capelo de. *Teoria Geral do Direito Civil* – I. Coimbra: Coimbra Ed., 2003.

STATHAM JR., E. Robert. *The Constitution of Public Philosophy*. Towards a Synthesis of Freedom and Responsibility in Postmodern America, Lanham, New York. Oxford: University Press of America, 1998.

STOLL, Hans. *Haftungsfolgen im bürgerlichen Recht*. Eine Darstellung auf rechtsvergleichender Grundlage. Freiburger Rechts-und Staatswissenschaftliche Abhandlung, Band 58, C.F. Müller, Heidelberg, 1993.

STÜRNER, Rolf. Schadensersatz für mi glückle Abtreibung – ein Problem der Schadenszurechnung? *Juristenzeitung*, 41, Heft 3, 1986.

TELLES, Inocêncio Galvão. *Direito das Obrigações*. 7. ed. Coimbra: Coimbra Ed., 2010.

THOMSON, Judith Jarvis. A defense of abortion. *Philosophy & Public Affairs*. v. 1, n. 1, 1971.

VARELA, Antunes. *Das obrigações em geral*. Coimbra: Almedina, 2003.

VASCONCELOS, Pedro Pais de. *Direito de personalidade*. Coimbra: Almedina, 2006.

VASCONCELOS, Pedro Pais de. A posição jurídica do pai na interrupção voluntária da gravidez. In: CAMPOS, Diogo Leite; CHINELLATO, Silmara (Coord.). *Pessoa humana e direito*. Coimbra: Almedina, 2009.

VASCONCELOS, Pedro Pais de. *Teoria Geral do Direito Civil*. 3. ed. Coimbra: Almedina, 2005.

VELOSO, Maria Manuel. Danos não patrimoniais. *Comemorações dos 35 anos do Código Civil e dos 25 anos da Reforma de 1977*, III. Direito das obrigações. Coimbra: Almedina, 2007.

VINEY, Geneviève. Brèves remarques à propos d'un arrêt qui affecte l'image de la justice dans l'opinion. *La semaine juridique*, n. 2, 2001.

WELLMAN, Carl. The concept of fetal rights. *Law and Philosophy*, 21, 2002.

WELZEL. *Naturalismus und Wertphilosophie im Strafrecht, Untersuchungen über die ideologischen Grundlagen der Strafrechtswissenschaft*. Mannheim: Berlin, Leipzig, 1935.

WIEACKER. *História do direito privado moderno*.

WILBURG, Walter. Zur Lehre von der Vorteilsausgleichung. *Jehrings Jahrbücher für die Dogmatik des bürgerlichen Rechts*. 1931. v. 81.

WILKES, K. *Real People*. Oxford University Press, 1987.

WINDSCHEID; KIPP. *Lehrbuch des Pandektenrechts*, I, 9. Auflage, 1984.

ZIMMERMANN, Reinhard. Wrongful life und wrongful birth. *Juristenzeitung*, 52, Heft 3, 1997.

ZWEIBRÜCKEN, Olg. 18.02.1997. *Neue Juristische Wochenschrift* 1997.